SÍMBOLOS DE UMA MARCA
ANÁLISE SEMIÓTICA DA TV TEM

Editora Appris Ltda.
1.ª Edição - Copyright© 2024 da autora
Direitos de Edição Reservados à Editora Appris Ltda.

Nenhuma parte desta obra poderá ser utilizada indevidamente, sem estar de acordo com a Lei nº 9.610/98. Se incorreções forem encontradas, serão de exclusiva responsabilidade de seus organizadores. Foi realizado o Depósito Legal na Fundação Biblioteca Nacional, de acordo com as Leis nos 10.994, de 14/12/2004, e 12.192, de 14/01/2010.

Catalogação na Fonte
Elaborado por: Josefina A. S. Guedes
Bibliotecária CRB 9/870

N127s
2024

Nadalini, Mirian
Símbolos de uma marca : análise semiótica da TV TEM / Mirian Nadalini.
1. ed. – Curitiba : Appris, 2024.
106 p. ; 21 cm. – (Ciências da comunicação).

Inclui referências.
ISBN 978-65-250-5136-9

1. Semiótica. 2. Marca registrada. 3. Televisão. I. Título. II. Série.

CDD – 302.2

Livro de acordo com a normalização técnica da ABNT

Editora e Livraria Appris Ltda.
Av. Manoel Ribas, 2265 – Mercês
Curitiba/PR – CEP: 80810-002
Tel. (41) 3156 - 4731
www.editoraappris.com.br

Printed in Brazil
Impresso no Brasil

Mirian Nadalini

SÍMBOLOS DE UMA MARCA
ANÁLISE SEMIÓTICA DA TV TEM

FICHA TÉCNICA

EDITORIAL	Augusto Coelho
	Sara C. de Andrade Coelho
COMITÊ EDITORIAL	Marli Caetano
	Andréa Barbosa Gouveia - UFPR
	Edmeire C. Pereira - UFPR
	Iraneide da Silva - UFC
	Jacques de Lima Ferreira - UP
SUPERVISOR DA PRODUÇÃO	Renata Cristina Lopes Miccelli
ASSESSORIA EDITORIAL	Jibril Keddeh
REVISÃO	José A. Ramos Junior
PRODUÇÃO EDITORIAL	Daniela Nazário
DIAGRAMAÇÃO	Andrezza Libel
CAPA	Clayton Esteves
	Sheila Alves
REVISÃO DE PROVA	Jibril Keddeh

COMITÊ CIENTÍFICO DA COLEÇÃO CIÊNCIAS DA COMUNICAÇÃO

DIREÇÃO CIENTÍFICA Francisco de Assis (Fiam-Faam-SP-Brasil)

CONSULTORES

Ana Carolina Rocha Pessôa Temer (UFG-GO-Brasil)

Antonio Hohlfeldt (PUCRS-RS-Brasil)

Carlos Alberto Messeder Pereira (UFRJ-RJ-Brasil)

Cicilia M. Krohling Peruzzo (Umesp-SP-Brasil)

Janine Marques Passini Lucht (ESPM-RS-Brasil)

Jorge A. González (CEIICH-Unam-México)

Jorge Kanehide Ijuim (Ufsc-SC-Brasil)

José Marques de Melo (*In Memoriam*)

Juçara Brittes (Ufop-MG-Brasil)

Isabel Ferin Cunha (UC-Portugal)

Márcio Fernandes (Unicentro-PR-Brasil)

Maria Aparecida Baccega (ESPM-SP-Brasil)

Maria Ataíde Malcher (UFPA-PA-Brasil)

Maria Berenice Machado (UFRGS-RS-Brasil)

Maria das Graças Targino (UFPI-PI-Brasil)

Maria Elisabete Antonioli (ESPM-SP-Brasil)

Marialva Carlos Barbosa (UFRJ-RJ-Brasil)

Osvando J. de Morais (Unesp-SP-Brasil)

Pierre Leroux (Iscea-UCO-França)

Rosa Maria Dalla Costa (UFPR-PR-Brasil)

Sandra Reimão (USP-SP-Brasil)

Sérgio Mattos (UFRB-BA-Brasil)

Thomas Tufte (RUC-Dinamarca)

Zélia Leal Adghirni (UnB-DF-Brasil)

À minha família, por acreditar no meu potencial e na composição deste livro, e aos profissionais da área de comunicação, considerando a possibilidade de construir novos olhares para os processos de produção.

AGRADECIMENTOS

A Deus, sobre todas as coisas.

À Prof.ª Dr.ª Luciana Coutinho Pagliarini de Souza, por me mostrar o encantamento da vida acadêmica.

Aos meus pais, Norberto e Adair, que me ensinaram os verdadeiros valores da vida, por me apoiarem e incentivarem.

Ao meu marido, Tiago, por todo o suporte, apoio e compreensão.

À minha filha, Isis, que é a minha grande inspiração.

A marca é um signo, que representa um objeto – uma empresa, um produto, uma ideia – para alguém, um consumidor real ou potencial e todos os possíveis intérpretes deste signo.

(Clotilde Perez)

PREFÁCIO

O livro que se apresenta, resultado da pesquisa de mestrado desenvolvida por Mirian Nadalini, no Programa de Comunicação e Cultura da Universidade de Sorocaba, pode ser lido no interior dos estudos voltados à Publicidade na sua faceta de sistema de linguagem. O estudo das marcas como representação visual e consequente produção de significados é o recorte efetuado pela autora.

Tradicionalmente tratada como produto da sociedade de consumo em massa, a marca passou a ser concebida na sociedade hipermoderna, sob a perspectiva de Lipovetsky, como uma instituição social e, como tal, parte da definição da sociedade e de seu funcionamento. Amparando-se nesse entendimento, a autora traz à baila discussão que incorpora o consumo na constituição da identidade do sujeito hipermoderno, abordagem que enriquece, sobremaneira, o tratamento dado à marca nesse estudo.

No contexto denominado por Lipovetsky e Serroy de cultura-mundo, a marca faz a mediação entre o universo de consumo e o da produção de significados, comunicando valores manifestos e pulsantes na sociedade. É, portanto, no seu papel de mediação, de signo, que a marca é tomada no texto que Mirian Nadalini vai tecendo.

Neste livro, a identidade visual da marca (logotipo) da TV TEM, empresa de televisão afiliada da Rede Globo, teve lugar como objeto de investigação e trouxe no seu encalço um dos aspectos relevantes da pesquisa: a força do regionalismo, que lança luzes sobre o interior de SP, como importante polo de difusão de informação e cultura. No entanto, é o modo como a autora nos apresenta o processo de construção visual da identidade da TV TEM, durante todo o período em que o analisou — 2003 a 2020 — que trago à baila para a apreciação do leitor.

Sobre esse enfoque, é importa ressaltar o quanto a construção da imagem corporativa está atrelada aos signos gráficos e o quanto esse conjunto de traços, cores, formas permite delinear sua identidade e tramar seus sentidos. Ao penetrar nos meandros das marcas (logotipos) categorizadas em três blocos relacionados às fases de "vida" da TV TEM — nascimento, juventude, maturidade —, a autora põe em ato as três faculdades que, segundo Charles S. Peirce, nos habilitam a olhar o mundo: a contemplação, a observação e a generalização ou interpretação. O mergulho nas qualidades primeiras colhidas pelo olhar contemplativo — formas circulares em dimensões distintas justapostas, tons de azul, movimento — vai trazendo à tona a simbologia tecida, passo a passo, na materialidade da marca, e o que se verifica é a predominância da similaridade estrutural das formas. Nessa leitura criteriosa e, acrescentamos, poética, é a metáfora da vida que ressurge, explicitada agora em um processo biológico — a mitose — que reforça o laço simbólico entre a célula-mãe (no caso, a Rede Globo) e a filha/afiliada (TV TEM). Assim, a autora conclui que, embora assumindo a "cor local", a afiliada constrói vínculos afetivos com a matriz.

Essa acuidade da análise antecipa efeitos que podem vir a atingir a mente de intérpretes/espectadores capazes, não apenas de identificar a marca da TV TEM, de reconhecer nela a empresa a qual representa, mas de pressupor valores emocionais agregados à marca, o que pode contribuir para reforçar elos.

Por tudo isso, este livro acolhe tanto leitores interessados em se inteirar acerca de novas concepções sobre a marca na contemporaneidade, fundamentada por autores de peso; em adquirir conhecimento sobre o processo de regionalização de uma grande empresa, como a Rede Globo de Televisão; como acolhe profissionais da comunicação, para quem o conhecimento dos meandros do processo comunicacional na construção da identidade de marcas é fundamental.

Para a autora deste prefácio, foi uma alegria poder ter contribuído ao sucesso do presente livro como orientadora da Mirian Nadalini.

Boa leitura!

Luciana Coutinho Pagliarini de Souza

Doutora em Comunicação e Semiótica pela PUC, pós Doutora pela UniKASSEL, Alemanha e Mestre em Comunicação e Semiótica pela PUC. Professora do Programa de Mestrado em Comunicação e Cultura na Universidade de Sorocaba, Uniso. É membro da Rede Brasileira de Pesquisa em Semiótica Peirceana (REDECIEP). Desenvolve pesquisas vinculadas à linha de pesquisa em "Análise de processos e produtos midiáticos". Autora de vários livros na área de Comunicação

APRESENTAÇÃO

A proposta deste livro é compartilhar o conhecimento com profissionais da área que compõem o estudo da imagem, é uma contribuição empírica sobre a importância da representação visual de uma marca, uma leitura mais apurada da imagem, agregando valor ao conhecimento e significado da representação visual que o logotipo de uma empresa pode representar.

Apresento o potencial da semiótica como instrumento analítico de produtos midiáticos relativos à identidade visual da marca, à natureza dos signos e aos efeitos que podem produzir. Pode vir a redimensionar modos de produção de marcas/logotipos com conhecimentos formais e práticos para acompanhar, desenvolver, efetivar e gerir marcas competitivas.

Na sociedade de hoje, envolvida pela comunicação de massa, as empresas dependem intensamente dos signos gráficos como elementos de construção da imagem corporativa e de destaque perante a concorrência, o crescimento das mídias tem acarretado incontestáveis mudanças em tudo o que se refere à compreensão do mundo, à apreensão das informações, ao avanço das comunicações interpessoais e ao redimensionamento da educação. Nessa perspectiva, as mídias, em especial a televisão, transformaram significativamente os processos cognitivos, à medida que as pessoas passaram a registrar na memória não apenas os fatos, mas também as imagens que visualizam. O telespectador virou uma espécie de testemunha ocular de tudo o que é considerado importante, mesmo que esteja muito distante desses fatos. A identidade de uma emissora de televisão é, normalmente, compreendida como um conjunto de traços e características — de semelhanças e de dessemelhanças — que possibilita distingui-la das demais.

Na perspectiva do marketing, toda a empresa necessita construir sua própria identidade e projetá-la por meio da imagem que deseja ver introjetada pelo consumidor: sua marca representa a tentativa de condensação dessa identidade e imagem. E as empresas de televisão não fogem à regra, cada uma delas busca construir, por meio e no interior de sua programação, sua própria identidade, de tal forma que os telespectadores possam identificar de pronto a emissora a que estão assistindo.

Assim descrevo o conteúdo desse livro — **a marca e sua produção de significados** —, tema que me acompanha desde minha formação acadêmica, me proporciona sucesso profissional e faz parte do meu quotidiano.

Apresento minha trajetória ou meus antecedente, os quais, como quer Santaella (2001), trazem "sabor de vida" ao trabalho, já que é fruto da minha história.

A autora

SUMÁRIO

1
IDENTIDADE VISUAL 17
   1.1 Bases teóricas 18
   1.2 A evolução dos logotipos da TV TEM de 2013 a 2020 27

2
MARCA 31
   2.1 A marca como signo no contexto cultura-mundo 31
   2.2 A marca como signo e mediação 39

3
CONTEXTUALIZANDO A TV TEM 51
   3.1 Panorama da TV e da Rede Globo no Brasil 51
   3.2 O processo de regionalização da TV Globo no Brasil 56
   3.3 TV TEM 64

4
ANÁLISE SEMIÓTICA 71
   4.1 O potencial de significados dos logotipos da TV TEM 71
   4.2 Aspectos qualitativos dos logotipos da TV TEM e seus possíveis efeitos 75
   4.3 Aspectos referenciais doLs logotipos da TV TEM e seus possíveis efeitos 86
   4.4 Aspectos simbólicos ou de lei e seus possíveis efeitos 90

5
OLHAR FINAL 97

REFERÊNCIAS 101

1

IDENTIDADE VISUAL

A identidade visual de uma empresa é um dos pontos fundamentais para causar boa impressão no mercado e no público. O conteúdo desta leitura consiste em refletir sobre este tema, o conjunto de elementos visuais que caracterizam uma empresa ou um produto, aqui especificamente da marca TV TEM[1], afiliada da Rede Globo. A empresa que investe na sua identidade visual gera resultado positivo a curto prazo, e um visual atrativo impacta imediatamente a audiência. Aqui a proposta é descrever e compreender de forma sucinta a construção da identidade visual e a produção de significados dos símbolos que compõem a transformação da marca TV TEM, desde seu lançamento em 2003 até 2020.

Atualmente se consome e se produz identidade visual em ritmo frenético, a acessibilidade e a popularização dos meios de comunicação — televisão e internet — nos aproximam desses produtos de maneiras mais ágeis, conseguem atingir públicos mais amplos. Ao produzir identidade visual, na constante evolução que se segue, é primordial que cada escolha, no momento da criação de um produto, transmita uma ideia ou um significado.

A identidade visual trata da construção harmoniosa entre símbolos, cores, tipografias, arranjos sonoros e gráficos que coexistem dentro de um sistema padrão de uso, com a finalidade de serem identificados como pertencentes a uma identidade.

A identidade do canal de televisão está presente na maior parte da programação, a logomarca pode ser visualizada de formas diferentes em vários momentos, pode ser por meio de impressos, microfones,

---

[1] TV TEM faz parte de um grupo de quatro emissoras de televisão com sedes em Sorocaba, Bauru, São José do Rio Preto e Itapetininga. Juntas, respondem pela cobertura de 318 municípios e representam 49% do território do estado de São Paulo.

vestimentas, letreiros e outros usos como imagem estática, por exemplo a logo da emissora que fica em um dos cantos da tela. A visibilidade do logo comunica presença da emissora, assegura a veracidade do conteúdo e permite contato visual agradável ao telespectador.

O logotipo da TV TEM passou por processos de mudança e renovação com base na necessidade do reconhecimento da imagem no processo de regionalização e na atualização, conforme tendências de *web design*. Por uma determinação da Rede Globo, suas afiliadas devem cumprir, por contrato, não só a manutenção, mas também a ênfase na identidade da matriz, o que implica a necessidade não só de aproximação do telespectador da região, mas de seu reconhecimento da identidade visual da marca.

A TV TEM apresenta um símbolo/logotipo figurativo, é um signo visual, compreendido independentemente do idioma, sem auxílio de palavras, está visualmente conectado com o público, em sintonia com a sociedade. A evolução da identidade visual da TV TEM traz novos atributos, novas características, conversa com seu conteúdo, e busca um futuro de coisas boas.

Apostando nesse futuro, nos próximos capítulos apresento estudos fundamentados por minha experiência profissional e por estudos de bases científicas, voltados para estratégias que consistem em examinar o caminho percorrido pela TV TEM para proporcionar ao telespectador uma experiência acolhedora com sua identidade visual.

1.1 Bases teóricas

Os estudos compilados para esta publicação são essenciais para consolidar o saber, a habilidade e conhecimentos necessários para os interessados em saber mais sobre análise semiótica peirceana; marca; TV TEM e o potencial de significados na construção de uma identidade de uma marca.

A identidade visual de uma emissora de televisão pode ser analisada sob vários aspectos do ponto de vista teórico e empírico. A análise de estudiosos aqui citados e meu conhecimento adquirido têm a pretensão de demonstrar como se dá esse processo, que não é só estabelecer a identidade visual de uma emissora de TV, é destacar os valores que ela transmite aos telespectadores. Neste livro considero análises bibliográficas que buscam mostrar:

- A mudança de gestão em uma emissora provoca alterações no discurso das campanhas promocionais em andamento; a gestão empresarial tem grande influência na configuração da imagem de uma emissora de TV; as estratégias empregadas por parte da nova gestão podem trazer consequências positivas ou não, podem provocar alterações no discurso das campanhas.

- O processo de regionalização da mídia televisiva das emissoras de televisão no cenário brasileiro. Considerada a análise do jornal TEM Notícias 2ª Edição, que faz parte da programação da TV TEM, os conteúdos locais vêm tendo cada vez mais importância na mídia televisiva, principalmente nos telejornais. Após uma exploração veiculada por esse programa, busco verificar, se esse telejornal regional, dentro da política de comunicação jornalística que a Rede Globo impõe sobre suas afiliadas, consegue atender a comunidade, a fim de construir identidades regionais. Inicialmente, as emissoras têm interesse financeiro em regionalizar o seu conteúdo, já que as arrecadações publicitárias do interior do país são bem significativas para a empresa. Posteriormente, viu-se que, além da importância mercadológica, a TV regional tem função cultural e educativa. Telespectadores que moram em lugares distantes dos recursos existentes nas capitais, com pouco grau de instrução e que estariam talvez condenados ao isolamento puderam ver por meio das emissoras locais que eles têm direitos e, com isso, ganharam força para reivindicá-los. Dessa forma, as emissoras registraram altos índices de audiência em seus programas e viram, consequentemente, os espaços publicitários valorizarem consideravelmente.

Uma observação feita pela Rede Globo detectou que seus telespectadores se interessam mais por conteúdo regional do que nacional na programação da emissora. Isso faz com que invistam mais na programação dirigida a esse público, pois é pela mídia local que a população de determinadas regiões, municípios, cidades, vilas, bairros, zonas rurais tem proximidade com a informação sobre acontecimentos próximos, ocorridos no seu bairro, cidade ou na sua região.

- Analisar como se dá a manipulação digital de imagens utilizadas em produtos midiáticos. Sendo o foco propagandas impressas, até que ponto se pode alterar e modificar os processos de significação com ênfase na criação de símbolos nas imagens e examinar, com base nos exemplos reais e disponíveis ao público consumidor, as práticas e o alto potencial significativo da imagem manipulada. A proposta é observar o alcance da imagem original, e como esses limites podem ser expandidos ou retraídos com a manipulação digital. Por se valer da análise semiótica dos logotipos e de campanhas que se baseiam na teoria geral dos signos de Charles S. Peirce, notadamente em seus conceitos de símbolo, da criação e do reforço de elementos necessários à cognição, baseada no caráter simbólico das imagens, o exame cuidadoso do símbolo nos conduz para um vasto campo de referências que incluem os costumes e valores coletivos e todos os tipos de padrões estéticos, comportamentais e de expectativas sociais.

- No contexto de afiliada — TV TEM —, como uma emissora constrói a sua própria identidade; como distingue sua produção daquela da cabeça de rede — TV GLOBO —; como se configura sua imagem, sem deixar de reforçar a identidade da rede-mãe e de com ela compatibilizar de forma coerente suas próprias produções.

- Identificar as trocas culturais entre Sorocaba e Jundiaí, a partir dos desdobramentos da reconfiguração dos espaços construídos pelos meios de comunicações instituídos pela TV TEM. As cidades de Sorocaba e Jundiaí são da mesma área de cobertura da emissora, compõem o mesmo sinal e, com a aproximação de culturas que se confrontam, o estudo foi feito para entender a insatisfação dos públicos das duas localidades que discordavam da nova composição regional e que foram unificados midiaticamente pelo sinal da TV TEM. Feita uma análise de produção de reportagens produzidas nas localidades com revisão bibliográfica acerca da história da televisão, da produção em telejornalismo, do desenvolvimento das telecomunicações e dos conceitos de território e cultura, obteve-se o seguinte: para ser uma televisão essencialmente regional, a TV TEM precisa estar próxima das comunidades, mostrando-as em seu telejornal de maneira a contemplar determinados assuntos e seus reflexos no ambiente de sua área de cobertura. Assim, o sentido de emissora local se configura apenas na interpretação de cada telespectador. O tema regionalização tem destaque especial neste livro, pois as pessoas necessitam de marcos de referência e continuam fortemente identificadas com as suas raízes e com o lugar em que vivem. A televisão regional, em sua trajetória, mostra que é um dos mais importantes veículos de comunicação devido à sua ampla cobertura e penetração entre todas as camadas da população, por ser uma das principais fontes de informação e por ter participação na difusão cultural e na formação e reconfiguração das identidades. Aqui apresento a vinculação da TV TEM com a cultura regional no que tange ao conteúdo de sua programação, a partir de uma retrospectiva da história recente da regionalização da emissora TV TEM, afiliada Rede Globo São José do Rio Preto, no intuito de verificar como os conteúdos veiculados se organizam dentro de uma proposta de valorização da cultura regional. Para tanto, as informações foram obtidas a partir de bibliografias que tratem da configuração socioeconômica da televisão no Brasil e do seu processo de regionalização, discutindo como o sistema televisivo brasileiro caminhou para o modelo que tem atualmente; o processo de implantação de afiliadas Rede Globo, que é modelo para as demais emissoras do país; o surgimento da rede TEM, afiliada Rede Globo, que copia o modelo hegemônico e hierárquico da cabeça; o telejornalismo, dentro desse processo, que é um gênero televisivo de maior audiência e credibilidade, por isso acaba por construir a imagem da rede.

- Compreender como a publicidade propõe o conceito de sustentabilidade, bem como os objetivos específicos de explicitar aspectos da identidade da instituição, como marca, em suas diversas manifestações e expressões; tratar do conceito de sustentabilidade; explicitar características da publicidade na contemporaneidade e o potencial de significados latentes nas peças publicitárias selecionadas, bem como avaliar como o conceito de sustentabilidade está nelas engendrado. Sobre o alcance da sustentabilidade da Instituição Financeira "Itaú", suas peças exibem uma marca em expansão, que firma sua identidade assumindo-se sustentável, em três dimensões: econômica, social e ambiental, bem como se mostra sustentável em manifestações da sua identidade, na publicidade. A marca se humaniza por compartilhar deveres com os usuários e se aproxima deles também por propiciar o prazer do dever cumprido, via publicidade. A proposta é tratar dos caminhos da publicidade e da marca no contexto contemporâneo, da cultura-mundo, envolvendo a sustentabilidade. Como linguagem, a publicidade tem maneiras específicas de elaborar as mensagens. O estudo de mensagens publicitárias deve ir além do texto escrito, das palavras propriamente ditas. Na constante busca por conhecimento de análises de peças publicitárias em que são enfatizados os significados gerados pelas cores, formas, texturas, movimentos ou pelo arranjo desses elementos, ou seja, pelos aspectos qualitativos; também pelo poder de referencialidade, de possivelmente vincular o usuário a existentes; bem como pelos aspectos simbólicos vinculados aos dois anteriores, os qualitativos e os referenciais. A publicidade é vista no encontro das linguagens visual e verbal, elas demandam estratégias metodológicas que dão conta dessa mistura sígnica. A gramática especulativa fornece as definições e as classificações para a análise de todos os tipos de linguagens. A teoria semiótica peirceana torna possível conhecer o movimento das mensagens, o modo como elas são engendradas, os procedimentos e recursos nelas utilizados. Seguindo os esquemas gerais de análise que tal teoria propõe, podemos captar não só a referencialidade a um contexto próximo, mas também a um contexto estendido, pois em todo o processo de signos ficam marcas deixadas pela história, pelo nível de desenvolvimento das forças produtivas econômicas, pela técnica e pelo sujeito que as produz. A possibilidade de explicitar a teia de valores que a publicidade propõe contribui para reflexões sobre marca e publicidade no contexto da cultura-mundo.

- Análise das vinhetas que abordam a abertura de telejornais veiculados nacionalmente pelas quatro principais emissoras brasileiras de cunho comercial: Rede Globo de Televisão, Rede Record de Televisão, Rede Bandeirantes de Televisão e Sistema Brasileiro de Televisão, o resultado obtido aponta que o sentido produzido nas vinhetas reforça a identidade dos programas, aumenta a audiência e demonstra valores sobre os quais se constrói audiovisualmente a identidade dos telejornais nos dias de hoje.

- Nos estudos dos processos e redes comunicacionais dos programas Hollywood 411; TV Watercooler e Making News: Savannah Style, do canal norte-americano de TV paga TV Guide, fica evidente que as emissoras têm em comum a natureza metalinguística da televisão — a abordagem da televisão por meio da própria televisão. Todos ressignificam a televisão ao dissecar seu funcionamento e seus modos de produção, operação, transmissão e recepção. Sem exceção, todos alimentam a indústria da mídia sem maiores compromissos com laços econômicos ou vínculos empresariais, fazendo parte de um novo gráfico da distribuição de conteúdo que tem mudado a face da indústria do entretenimento e da mídia e que atualiza o imaginário da própria televisão por ela mesma. Ao fazer uma pesquisa sobre os programas, foi possível analisar minuciosamente seu conteúdo, o contexto histórico e identificar características de construção de metalinguagem. Por meio das características de construção de metalinguagem e da observação de outras características dos programas, foi possível apontar tendências de programação que despontam em um momento crucial para a TV: aquele em que sua natureza está em transformação. Essa busca retrata um corpo teórico de análise da metalinguagem na TV, pautado em como a metalinguagem toca o imaginário compartilhado da televisão; uma reflexão sobre possíveis desdobramentos educativos e comerciais do meio.

- Sobre marcas gráficas, em uma sociedade envolvida pela comunicação de massa e pelo universo simbólico das mercadorias, as empresas dependem das marcas como elementos de construção da imagem corporativa e de destaque perante a concorrência. A marca gráfica é o signo central da comunicação corporativa. Sua materialidade pode transmitir significados pretendidos pelo designer e, ao mesmo tempo, recaem sobre ela os significados e valores atribuídos ao seu objeto — empresa, produto ou serviço que representa — por todas as demais formas de comunicação corporativa. Para que os atores que participam da comunicação corporativa possam corroborar a concepção gráfica da marca, seu significado deve ser bem definido e adequadamente materializado para se apresentar ao público e gerar a representação mental pretendida. Para tanto, é necessário conhecer os processos interpretativos que ocorrem na interação do público com a marca e funcionam como mecanismos constituintes de sua imagem. A busca desses conhecimentos foi feita por meio da semiótica peirceana, a qual abarca questões relativas à percepção e à cognição, às suas causas, aos seus processos e às suas formas sígnicas. A semiótica peirceana propõe fundamento teórico-metodológico do design para a concepção gráfica de marcas. A marca, sistema integrado por distintos elementos inter-relacionados, que se modificam mutuamente, apresenta numerosas formas de comunicação corporativa — por exemplo, a publicidade — que transmitem mensagens e influenciam a imagem formada pelo público da marca e daquilo que ela representa. A teoria semiótica de Charles S. Peirce, os respectivos modos de relações estabelecidos entre determinados tipos de signos (ícone, índice e símbolo) e as distintas formas de representação dos signos visuais (representativa, não representativa e figurativa) apresentam um percurso metodológico que visa auxiliar nas análises de signos visuais no sistema televisivo. Isso acaba por demonstrar de que modo essas teorias podem servir como fundamento para a observação de signos de outras naturezas. A semiótica de Peirce pode ser utilizada como teoria aplicada na observação de signos visuais em uma forma de representação específica, a imagem televisiva, e encontram-se instrumentais que possibilitam observar distintos tipos de signos e os modos como eles podem se correlacionar, o que contribui para a compreensão das especificidades dos signos visuais no sistema televisivo.

- Os respectivos modos de relações estabelecidos entre determinados tipos de signos (ícone, índice e símbolo) e as distintas formas de representação dos signos visuais (representativa, não representativa e figurativa) apresentam percurso metodológico que visam auxiliar as análises de signos visuais no sistema televisivo. Com isso, demonstram como essas teorias podem servir de fundamento para observação de signos de outras naturezas. Mostra como a semiótica de Peirce pode ser utilizada como teoria aplicada na observação de signos visuais em uma forma de representação específica, a imagem televisiva, um método de análise para os signos visuais na televisão a partir das relações entre os diferentes tipos de signos e as distintas formas de representação da imagem. Busca compreender as especificidades dos signos visuais no sistema televisivo.

- Análise semiótica, técnica de pesquisa qualitativa da análise semiótica e sua aplicação às marcas. Na análise semiótica não se trabalha diretamente com receptores ou consumidores, como é feito na pesquisa de mercado, assim, pode-se no máximo dizer que algo (uma cor ou uma tipografia, por exemplo) tem o potencial de transmitir, mas não se pode afirmar que de fato transmite. O resultado da análise semiótica é subjetivo e fortemente dependente das experiências individuais, habilidades, interpretação e julgamento do investigador; a análise semiótica deve ser encarada como uma técnica que oferece um mapa lógico para o reconhecimento, a discriminação e o entendimento do universo dos signos.

Segundo Santaella; Nöth (2005), não há receitas prontas para a análise semiótica, mas apenas uma lógica para sua possível aplicação, é difícil aplicar a teoria dos signos peirceana, dado o fato de que os conceitos são gerais e abstratos. Na análise semiótica é necessário colocar-se na posição de interpretante dinâmico, isto é, de uma interpretação singular, que, segundo a autora, é sempre incompleta e falível.

O grande entrave à disseminação da análise semiótica aplicada às atividades de marketing é o resultado da análise, que é subjetivo e fortemente dependente das experiências individuais, habilidades, interpretação e julgamento do investigador. Se replicada com dois semioticistas, uma mesma análise, provavelmente, terá um resultado um pouco distinto. Diante dessas limitações, a análise semiótica pode ser encarada como uma ferramenta auxiliar e complementar para empresas e marcas, o que ajuda a compreender como os mercados funcionam, o que motiva os consumidores, como construir marcas e comunicações, em que focar a criatividade e como lidar com a inovação. A análise semiótica aplicada nos logotipos da emissora TV TEM deve ser encarada como uma técnica que oferece um mapa lógico para o reconhecimento, a discriminação e o entendimento do universo dos signos, sem a pretensão de determinar alguma ação final.

1.2 A evolução dos logotipos da TV TEM de 2013 a 2020

As palavras TV e TEM, conceito que dá forma à identidade da emissora desde 2003, foram criadas por meio de uma técnica conhecida como lettering, "a arte de desenhar letras". O designer de arte responsável por mudanças visuais da TV TEM, Clayton Esteves, explica que o ícone apresentado com lettering traz como proposta a estrutura de uma vista frontal da lente de uma câmera (Figura 1). Os elementos circulares e esféricos remetem à conotação do sistema de abertura e reação física da luz sobre o vidro da lente, como o reflexo.

Figura 1 – Evolução do logo da TV TEM de 2003 a 2018

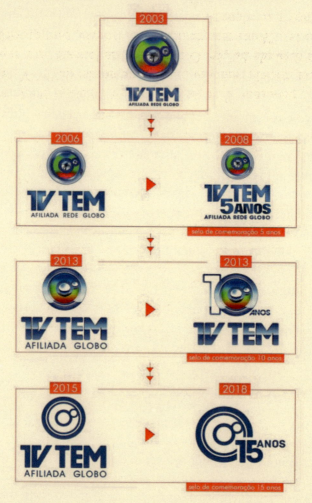

Fonte: DIAS (2018)

A análise semiótica desses signos é baseada na metodologia erigida por Santaella (2002), que, a partir das categorias peirceanas de primeiridade, secundidade e terceiridade, instaura três modos de olhar: contemplativo, observacional e o interpretativo. Inscritos nas categorias, esses olhares captam dos objetos, respectivamente, seus aspectos qualitativos (primeiridade), referenciais (secundidade) e os relativos às leis, regras ou normas compartilhadas na cultura do intérprete (terceiridade).

A partir de 2019 a tradicional marca da TV TEM deixa os tradicionais aros para dar espaço a duas esfera (Figura 2) que representam evolução, continuidade, força, modernidade, conectividade, diversidade e acessibilidade. Everton e Fernando Brito, designers da TV TEM, trabalharam exclusivamente no projeto durante três meses. Ambos ficaram isolados em uma sala restrita, ao passo que o restante do time de criação ficou responsável em dar suporte aos demais departamentos.

Figura 2 – Evolução do logo da TV TEM de 2018 a 2019/2020

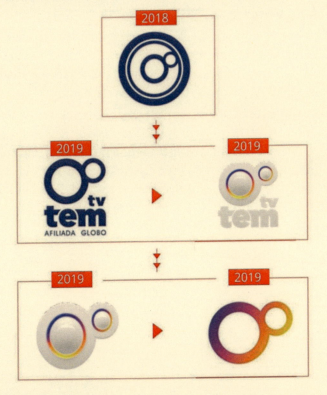

Fonte: adaptado pela autora

Ao primeiro olhar permite-se capturar aspectos qualitativos que, no caso, são os vinculados às cores, às formas, às linhas e às texturas seguido de um olhar mais atento e diferenciador que permita distinguir esses aspectos para facilitar a generalização. Ao segundo olhar, cabe buscar pistas que levem o intérprete para aspectos da realidade em que o objeto está inserido e é um existente. O terceiro olhar busca os simbolismos que impregnam o objeto, vinculados ao contexto cultural em que o objeto se faz signo.

Na análise do contexto dos logotipos, o universo do consumo afirma-se como o fim da heterogeneidade tradicional da esfera cultural e como a universalização da cultura mercantil, apoderando-se das esferas da vida social, dos modos de existência, da quase totalidade das atividades humanas. Com a cultura-mundo, dissemina-se em todo globo a cultura da tecnociência, do mercado, do indivíduo, das mídias e do consumo.

A marca é como uma entidade perceptual, ou seja, como uma entidade que se apresenta por meio do nome, logotipo, forma, design dos produtos, embalagem, rótulo, slogan, jingle, aroma etc. Busco explorar, separadamente, cada um desses elementos.

Com a análise semiótica peirceana, é possível elencar possibilidades interpretativas do signo antes que seja de fato interpretado por alguém, em determinado lugar e momento, ou seja, são exibidos um rol de intérpretes para as representações visuais. Assim, vislumbramos a possibilidade de verificar se essa seara de significados permite refletir sobre o modo como ocorre o reconhecimento da marca como símbolo da TV TEM.

2

MARCA

2.1 A marca como signo no contexto cultura-mundo

Este capítulo apresenta reflexões sobre a marca, inseridas no contexto do conceito de cultura-mundo e no seu caráter sígnico.

As marcas são úteis a quem produz, vende e consome, distinguem e identificam o produto e/ou serviço num contexto complexo e global, permitem a divulgação e identificação de forma racional, fazem parte da dinâmica social, representam não só produtos como também atitudes. Cotidianamente, incorporamos as marcas em nosso discurso, no nosso repertório cognitivo, para nos referirmos ao mundo físico e social a nossa volta, as marcas permeiam nosso imaginário referente aos objetos, às instituições e aos serviços e, principalmente, estão ligadas às escolhas que denotam nosso comportamento.

Começo por esclarecer o conceito cultura-mundo, nas palavras de Lipovetsky e Serroy (2011, p. 9):

> Cultura-mundo significa o fim da heterogeneidade tradicional da esfera cultural e a universalização da cultura mercantil, apoderando-se das esferas da vida social, dos modos de existência, da quase totalidade das atividades humanas. Com a cultura-mundo, dissemina-se em todo globo a cultura da tecnociência, do mercado, do indivíduo, das mídias, do consumo.

De acordo com os autores, a característica ambivalente da cultura-mundo, por ser uma cultura universal não totalizante, é ser formada pelos idiomas, hábitos e estilos das mais diversas localidades, postos em comunicação e hibridização, e o que indicam os autores é que as mudanças na cultura afetam a relação do homem consigo mesmo e com o mundo a sua volta.

Construindo uma interpretação particular da história, ao tratar da cultura- mundo, os autores se valem de três momentos diferentes para as relações da cultura com o social e sugerem que a humanidade passou por etapas de evolução.

Na primeira, as relações sociais se restringiam ao pequeno grupo das relações clânicas e parentais, período que perdurou por muitos séculos. Nesse contexto, as manifestações culturais caminham de geração em geração e as relações sociais se mantêm pela fidelidade, com a reprodução idêntica dos modelos vindos dos ancestrais ou dos deuses e o modo de vida é regido por normas coletivas, visto que a força integradora da cultura é tal que ela se manifesta sem um foco interno de questionamento de seus princípios e de seus relatos.

O segundo momento coincide com o surgimento das democracias modernas e iniciou-se com o desenvolvimento da tecnociência, transformador para a cultura. Fé na ciência, na dominação tecnológica da natureza, no progresso ilimitado, a modernidade cultural identifica-se com a virada da organização temporal das sociedades para a dimensão do futuro contra a antiga orientação passadista.

O terceiro, que corresponde ao período atual, denominado hipermodernidade, é uma radicalização do momento anterior e está guiado pela lógica do individualismo e do consumismo. A característica mais imediata desse novo momento da história é a hipertrofia da oferta mercantil, a superabundância de informações e imagens, a oferta excessiva de marcas, a imensa variedade de produtos alimentares, restaurantes, festivais, músicas, que agora podem ser encontrados em toda a parte do mundo. Assim como as trocas comerciais, generalizaram-se os medos e os modos de vida resultando, para os autores, em desorientação, insegurança e instabilidade.

Na denominada hipermodernidade, a sociedade de consumo, que surgiu a partir da revolução industrial, por volta dos anos de 1980 do século XIX, caracteriza-se, primeiramente, pelo consumo de massa, possibilitado pela expansão dos mercados por meio da melhora das infraestruturas modernas de transporte e comunicação, além do aperfeiçoamento de máquinas fabris. Esses melhoramentos permitiram o aumento da produtividade com custos mais reduzidos e o escoamento regular de enormes quantidades de produtos. Mas não só isso, o capitalismo de consumo foi também uma construção cultural e social que exigiu a educação dos consumidores e necessitou do espírito visionário de empresários criativos, a mão dos gestores. Um número maior de produtos tornou-se acessível a um número maior de consumidores. É a época do marketing de massa, dos grandes armazéns, das marcas nacionais, das embalagens e da publicidade nacional: estandardizados, acondicionados em pequenas embalagens distribuídos pelos mercados nacionais, os produtos passam a apresentar um nome, atribuído pelo fabricante: a marca.

A partir da segunda metade do século XX, nasce uma nova modernidade, nessa época o conforto e o lazer ocuparam, respectivamente, o lugar das paixões nacionalistas e o da revolução.

Essa é a época da diferenciação dos mercados, das marcas, da sedução, do efêmero, do marketing segmentado, centrado na idade e nos fatores socioculturais. Toda a sociedade mobiliza-se em torno do projeto de criar um cotidiano confortável e fácil, sinônimo de felicidade ambientado na euforia publicitária que imprime o estímulo dos desejos, a sexualização dos símbolos e dos corpos. Triunfa, assim, a exaltação dos prazeres momentâneos.

Nesse novo contexto de época, a ordem social e econômica, com a cultural, é pautada em um senso de consumo em massa que substitui o referencial na produção em massa, em uma hegemonia daquilo que se nomeia como "sociedade-moda", que toma o lugar da sociedade rigorista disciplinar.

A marca de um produto ou serviço é parte da definição da sociedade, é parte de seu funcionamento. Uma sociedade embasada nas marcas é uma sociedade neofílica, atraída pelo novo, em constante inovação e que tem como pressuposto essa incessante inovação. A marca é aquilo que seduz para o consumo e que faz do consumo uma parte fundamental da constituição da identidade do sujeito hipermoderno.

Se as sociedades tradicionais eram pautadas numa repetição de um modelo do passado, de um modelo mais ou menos idealizado, a sociedade regida pelo sistema-moda é orientada por uma transformação rápida e desesperada: a regra passa a ser, em vez da repetição de um modelo mais ou menos projetado, a repetição da transformação. A regra é a inovação. O modelo que se repete é não ter um modelo para se repetir.

As lutas por uma liberdade como um fim em si, sem um projeto construído, como nas lutas contra a autoridade do fim da década de 1960, trouxeram à sociedade dos anos de 1970 a noção temporal de um eterno presente de liberdade irrestrita. De um consumo exorbitante e inconsequente, sempre resguardado pelas políticas de bem-estar social, já nos anos de 1990, a emergência do modelo neoliberal e as crises do modelo de bem-estar social foram também parte de uma mudança mais drástica: os autores Lipovetsky e Serroy (2011) nega que o aniquilamento em torno da pós-modernidade, classificada como uma época do presente contínuo, fruto de um hedonismo consumista, seja estendido à hipermodernidade. Para Lipovetsky e Charles (2015), a sociedade atual ainda tem sua visão do futuro, que é expressa na insegurança.

A insegurança em relação ao futuro e a proliferação de estudos, pesquisas e desenvolvimentos de medicamentos e terapias são uma prova da preocupação que a sociedade hipermoderna tem com o futuro.

Não se trata de uma sociedade que vive um eterno presente, mas sim de uma sociedade que tem medo do que pode ocorrer no futuro, e por isso formula práticas para a sobrevivência das próximas gerações. Entretanto, essas práticas são formuladas para serem exercidas individualmente, já que as instituições coletivas e as imposições estatais perderam seu lugar. Os indivíduos vivem cada vez mais embebidos de tensões e preocupações com o futuro: uma característica da hipermodernidade é sua crono-reflexividade, em que se observa o presente e se pensa no futuro, ou seja, o que está por vir é uma preocupação cotidiana e constitutiva.

Ao mesmo tempo, pensar no futuro não garante que haja tempo para práticas em nome de sua salvação. O hiperindivíduo não tem tempo, é sem-tempo por constituição. É alguém que não tem tempo nenhum devido às suas atividades de trabalho sempre recheadas de pressão e, ao mesmo tempo, tem todo tempo do mundo, caso seja um desempregado crônico. Só não tem condição de viver este tempo. Não tendo condição de viver este tempo, automaticamente fica fora do espaço de possibilidade para fazer do tempo algo útil.

Diferentemente dos projetos da modernidade, que tinham no futuro a promessa de sua realização e exigiam dos indivíduos uma participação ativa ou uma subordinação quieta, a pós-modernidade e agora, a hipermodernidade, completam um movimento de compressão espaço-temporal. O que se opera é a diminuição dos espaços e a vigência do aqui-agora, mas não um aqui-agora que elimina a preocupação com o futuro imediato. Um aqui-agora reflexivo.

A legitimação das práticas na sociedade hipermoderna é a eficiência, que não precisa de justificativa político-ideológica. Talvez aqui seja possível estabelecer uma relação entre a eficiência como legitimidade hipermoderna e a noção de sociedade pós-política, puramente administrativa, sem grandes projetos sociais, sem a tomada de posição política clara e radical.

Em relação à noção de tempo mais básica, o que a hipermodernidade traz de novo é a ultraflexibilidade que lança novas temporalidades no mundo social. Não é mais possível definir somente uma temporalidade — o que se cria são temporalidades tão diversas quanto as pessoas incluídas no estado hipermoderno de nossa cultura. O que causa o conflito de tempo e a necessidade de adequação da vida como um todo à temporalidade praticada.

Apesar de a pós-modernidade ter sido classificada como uma "tirania do prazer", ou uma felicidade consumista ilusória, as relações humanas também são cada vez mais valorizadas. O tempo para o amor, para a amizade, ainda é desejado e apreciado, o que leva a entender que não há uma imposição da ordem sobre os indivíduos. Existe uma certa autonomia perante as estruturas.

É nessa autonomia que se funda a hiperindividualidade. Ao passo que as posições sociais eram determinadas pelo local de nascimento, pela cultura ou pela família nos tempos modernos e anteriores, a hipermodernidade trouxe a possibilidade de se escolher a filiação individual, ou de (re)escolher uma cultura para adentrar e, assim, infinitamente. Um exemplo dessa flexibilidade é a noção de religião individual. O que explica essa mobilidade do indivíduo para qualquer filiação cultural ou ideológica é a diminuição do poder centralizado e das ações coletivas, com o aumento do poder de decisão individual.

No entanto, o culto hedonístico do consumo e da inovação é uma das causas da degradação da memória coletiva, da história e da noção de passado. Ao mesmo tempo, o que a hipermodernidade conseguiu realizar ao "permitir" a existência de qualquer crença e de todas as crenças juntas, assim como de qualquer forma de vida e de todas as formas de vida, foi a revisitação do passado.

O passado é levado para o presente, mas como visita de passagem. O passado é visto em museus e feriados, é visto nas reedições de livros históricos e de autores clássicos, nos produtos vintage e com selo de autenticidade, nas ruas das cidades e nas praças que levam seus nomes. O passado é muito mais um momento do consumo e da preservação da imagem (mesmo que falsa) de uma sociedade plural do que uma realidade refletida na hipermodernidade.

A possibilidade de deslocamento em relação ao destino social a que os indivíduos estavam fadados por conta de sua origem social, cor, pátria ou classe só é possível com a abertura de um reconhecimento devido da alteridade.

O hiper-reconhecimento é o imperativo em reconhecer o outro como um ser diferente, é a necessidade de se viver em um mundo onde todos são iguais pela diferença, e o reconhecimento dessa diferença se estabelece como algo constitutivo e de direito. É com a possibilidade de ser diferente que a busca pelo passado, como um baú no qual estão atributos que podem servir para moldar a identidade, passa a ser frequente.

Não há como negar que o reconhecimento da alteridade, da maneira como a praticamos e a idealizamos, é fruto da sociedade de bem-estar social individualista e não há como deixar essa característica de lado ao construir uma nova sociedade. As novas identidades são construídas com base em inúmeras variáveis e com inúmeros referenciais, mas sempre são embasadas pela noção da diferença. E as diferenças precisam sempre ser reconhecidas; a hipermodernidade democrática e mercantil está apenas no começo de sua aventura histórica. Sendo assim, o cultural se difrata enormemente no mundo material, que se empenha em criar bens impregnados de sentido, de identidade, de estilo, de moda, de criatividade, por meio das marcas, de sua comercialização e de sua comunicação. Nesse contexto, portanto, as marcas propõem significados e valores.

Lipovetsky e Serroy (2011) propõem que se olhe para o modo como a cultura — em estreita articulação com as principais alterações económicas, sociais e civilizacionais da globalização — transformou-se nas últimas décadas. Eles põem em destaque duas dimensões, por um lado ligadas pela mercantilização da cultura; por outro, pelo alargamento da culturalização das mercadorias. Tudo isso tem efeitos extremamente controversos, que convergem numa grande desorientação e que colocam grandes desafios à cultura.

Para levar adiante a tarefa de submeter valores e significados à apreciação, as marcas não só mobilizam as celebridades, como ambicionam o cultural, falam de ética, de racismo, de proteção ao meio ambiente: procuram construir sua notoriedade com base em mensagens de sentido e de valores difundidos em todo o planeta.

A cultura não pode ser vista como uma superestrutura de signos, como o aroma ou a decoração do mundo real: ela se tornou mundo, uma cultura-mundo, a do tecnocapitalismo planetário, das indústrias culturais, do consumismo total, das mídias e das redes digitais. A noção de cultura-mundo reaproxima as coisas e suas representações, ambas fazem parte deste mundo, o que amplia os espaços de relações, de convivência.

Uma cultura de marca é construída com o marketing e a publicidade, bem como pela hipertrofia da comunicação. Nessa construção, o marketing se sobrepõe à esfera da produção, o *branding* se coloca adiante do produto e os aspectos que constroem valores para a marca ganham uma ampla gama de olhares. Desse modo, a importância dos aspectos referentes aos processos de produção da mercadoria ou do produto é amenizada. Essa ambiência em que as marcas, por meio de suas manifestações, estabelecem relações tanto com outras marcas como com os consumidores/usuários constitui o universo estético por elas desenhado.

A cultura da marca — ou imagem da marca — demanda, tanto para sua difusão quanto para sua comunicação, a participação de designers, publicitários, arquitetos e outros profissionais para a elaboração do projeto e também para zelar pelas atualizações ou manifestações da marca. Para a publicidade, portanto, não é o produto que ela divulga ou difunde que está em foco, mas a construção de uma ambiência para a marca ou o produto, um processo de estetização da comunicação, a valorização de um modo de vida ou de um imaginário. Inovar, surpreender, divertir, fazer sonhar, comover, criar um mito, e isso pela utilização de efeitos especiais, de imagens sublimes, de jogos rítmicos e de montagem, de sinais de cumplicidade e de interpretações não literais.

Assim, a publicidade exige criatividade, pois os valores ou significados que a marca ou produto podem propor transcendem as diferenças sociais, instauram tribos transversais e diversificadas. Os alvos ampliam-se, portanto, para todo corpo social e se segmentam em função da inclusão em universos específicos de consumo.

Se o consumo funciona, é porque corresponde a alguma coisa. É preciso dar instrumentos aos homens e às mulheres pela educação, pela cultura, para que o consumo não seja o epicentro da vida. As marcas são boas se tiverem qualidade, se ajudarem pessoas a terem referências. A universalização de idolatrias concernentes a personagens/celebridades do âmbito da televisão e do cinema acaba se tornando referência em todo mundo. Tal fenômeno de caráter mercadológico que invade a produção cultural também se direciona às artes clássicas ou tradicionais a partir da lógica do mercado capitalista.

Em termos gerais, o que de modo universal é imposto localmente pode ser concebido de forma questionadora. Ademais, ao mesmo tempo que há uma expansão de marcas mundiais, existe uma necessidade de diferenciação por parte do indivíduo. Portanto, a cultura-mundo se caracteriza por um contínuo entre demandas mundiais e interesses particulares/tradicionais e se relaciona com os principais eixos de nossa época: capitalismo globalizado, individualismo, consumismo, internet, num impasse desse novo e complexo sistema de valores.

A marca no contexto cultura-mundo atua como elemento de mediação entre o universo da produção de significados e o universo de consumo, interpretando, traduzindo e comunicando valores manifestos e latentes da sociedade.

Não por outra razão a abordagem da marca como produtora de significados tem espaço neste capítulo. O próximo tópico busca ampliar a compreensão de seu caráter como signo ou elemento de mediação.

2.2 A marca como signo e mediação

No contexto anterior, as empresas dependem dos signos gráficos — marcas — como elementos de construção e projeção da imagem corporativa, e de destaque perante a concorrência. O crescimento das mídias tem acarretado incontestáveis mudanças em tudo o que se refere à compreensão do mundo, à apreensão das informações, ao avanço das comunicações interpessoais e ao redimensionamento da educação. Entender o potencial de significados que uma marca ou logotipo pode carregar torna-se relevante nesse contexto. Perez (2004, p. 52) define logotipo como:

> O logotipo/logomarca é a chave de acesso imediato ao universo representativo da marca. Provido de facilidades sígnicas, ele deve reunir a essência do que se quer comunicar. [...] No Brasil a palavra logotipo vem carregada do sentido semântico de representação de uma marca comercial de produtos

e empresas. Assim foi se construindo culturalmente, desconectando-se de sua origem essencialmente tipográfica. O modo como desenhamos as letras é responsável pelas conotações emocionais que queremos gerar, especialmente quando tratamos de logotipos. Os estilos tipográficos falam muito de outro tipo de estilo: o estilo de vida, isto é, a época ou a personalidade de uma marca.

O tratamento do logotipo como sistema de linguagem produtora de significados, como signo, demanda a utilização de um instrumental conceitual capaz de compreendê-la em sua multiplicidade expressiva. Para fazê-lo, me baseio no pensamento de Charles S. Peirce (2015), base teórica para a compreensão da logotipo em sua condição de signo, por considerar que o entendimento de linguagem passa obrigatoriamente pelo de signo, apresento também o conceito de signo à luz do pensamento de Saussure (2006). A grosso modo, o que funda o pensamento do primeiro teórico é a lógica; o do segundo, a língua.

Reflexões sobre o conceito de linguagem passam pela concepção de dois grandes estudiosos: Ferdinand Saussure, precursor da Linguística como ciência da linguagem verbal, e Charles Sanders Peirce, precursor da Semiótica, ciência de qualquer linguagem. Apresento a seguir breves considerações sobre as diferentes concepções de signo sobre a quais se assentam as teorias de ambos os teóricos no intuito de contribuir para o entendimento de linguagem sob pontos de vista diferentes.

Santaella (2001) nos esclarece que a teoria de Peirce foi a primeira a brotar no século XIX; já a de Saussure "nasceu" na primeira década do século XX, quando ministrava o curso de Linguística Geral na Universidade de Genebra. Saussure pensou numa ciência Linguística, considerando a língua um sistema autônomo e objeto específico de uma ciência que lhe é própria. Contudo, Saussure antecipa que, além da Linguística, haveria uma ciência capaz de dar conta de todos os sistemas de signos na vida social. Previu, assim, a necessidade dessa ciência mais vasta que ele batizou de Semiologia.

De acordo com Saussure (2006, p. 80), "o signo linguístico une não uma coisa a uma palavra, mas um conceito a uma imagem acústica, a parte do signo que corresponde à imagem acústica é denominada significante; a que corresponde ao conceito, significado". Assim, a dicotomia indissociável entre esses dois termos – significante e significado – constitui o conceito de signo saussuriano.

Figura 3 – Diagrama do conceito de signo de Saussure

Fonte: Saussure (2006, p. 83)

Dessa forma, a imagem acústica dos objetos vem antes das elocuções humanas. Isso nos leva a concluir que a comunicação ocorre, primeiro, mentalmente para depois ser expressa verbalmente.

O primeiro princípio do signo, para Saussure, é a arbitrariedade. Sendo arbitrário, ele é imotivado e não tem semelhança ou laço com o que se refere; o segundo é o caráter linear do significante, ou seja, sua extensão só se pode medir em uma dimensão: uma linha. Seus elementos se apresentam um após o outro, formando uma cadeia.

São os mecanismos internos da língua que, à luz dessa corrente de pensamento, permitem o entendimento de todos os outros signos não verbais, propriedade que fez com que Barthes (1987) concluísse, mais tarde, ser a Linguística a ciência a abarcar a Semiologia e não o contrário.

Peirce por sua vez, propôs, no final do século XIX, a ciência Semiótica, conhecida como a teoria geral dos signos. Para Peirce, segundo Santaella (2001, p. 82), "todas as realizações humanas (no seu viver, fazer, lutar, na sua apreensão e representação do mundo) configuram-se no interior da mediação inalienável da linguagem, entendida esta no seu sentido mais vasto". Diante disso, a Semiótica peirceana, inicialmente, é uma teoria sígnica do conhecimento. Na visão de Peirce (2010, p. 46) "um signo, ou *representamem*, é aquilo que, sob certo aspecto ou modo, representa alguma coisa para alguém. Dirige-se a alguém, isto é, cria na mente desta pessoa um signo equivalente ou mais desenvolvido". Essa definição traz os três elementos indissociáveis que compõem o signo: signo, objeto e interpretante (FIGURA 4). O exemplo dado por Saussure — a palavra "árvore" — tenta mostrar o funcionamento do signo à luz de Peirce. A palavra "árvore" é signo, visto que representa, ainda que arbitrariamente, um objeto existente no mundo. Essa palavra provoca na mente de um leitor/intérprete um efeito interpretativo denominado interpretante.

Figura 4 – Diagrama para o signo de Peirce

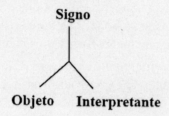

Fonte: Drigo e Souza (2013, p. 22)

Transpondo a questão da arbitrariedade, princípio fundante do signo para Saussure, a mesma árvore, objeto presente no mundo, pode ser representada por um desenho, uma fotografia, uma pintura e provocar numa mente efeitos que vão muito além da identificação ou reconhecimento: podem levar o intérprete à lembrança de um lugar da infância e provocar emoções; podem suscitar associações e até reflexões sobre a técnica utilizada pelo pintor — caso se trate de um quadro — pelo estilo; enfim, o significado não se reduz àquele que é decorrente de uma convenção, como a língua. Daí a amplitude do conceito do signo peirceano: para ele, a realidade materializada no objeto é o que determina ou impulsiona a produção de signos; contraponto fundamental ao pensamento de Saussure, para quem o objeto ou realidade são desconsiderados, ou seja, tudo ocorre dentro do sistema linguístico.

Ainda com o exemplo da árvore, explicita-se a classificação mais conhecida de Peirce: os modos como o signo representa o objeto. Imaginem um desenho de árvore feito por uma criança. Em meio a garatujas, parece ser uma árvore, mas não dá para afirmar. Há semelhanças com um tronco, um galho, mas só é possível dizer que aquele desenho sugere o objeto, nada além disso. Esse modo de representar caracteriza o ícone, o primeiro da classificação, em que a relação entre signo e objeto se estabelece pela semelhança.

Imagine-se, agora, diante da fotografia de uma árvore. Não há qualquer possibilidade de não se identificar o objeto ali representado: é um índice. O índice tem o papel de conector do real, conforme Peirce, ele se refere a seu objeto não tanto em virtude de uma similaridade ou analogia qualquer com ele, nem pelo fato de estar associado a caracteres gerais que esse objeto tem, mas sim por estar numa conexão dinâmica (espacial, inclusive) com o objeto.

A classificação final traz de volta a palavra árvore e tudo que foi visto a respeito desse signo arbitrário, regido por convenções como a linearidade, como o fato de exigir um pacto coletivo para que o entendimento seja comum. Esse é o símbolo. Nesse ponto, chego à concepção de signo genuíno que vai impulsionar a semiose ou o processo de geração de signos. Para explicitá-la, tomo a tríade signo/objeto/interpretante, representada no diagrama (Figura 4), em que o signo representa o objeto e esse, por estar no lugar do objeto, tem o poder de gerar outro signo, o interpretante (um signo mais evoluído). O primeiro signo gerado ocupa a posição de um signo capaz de gerar outro signo, outro interpretante e assim sucessiva e infinitamente. Contudo, ainda que a continuidade e o crescimento sejam marcas da semiose, há um momento em que é preciso interrompê-la. Este livro mesmo é um exemplo, ao finalizá-lo tenho consciência de que ele não esgotou todas as possibilidade contidas no objeto, apenas uma faceta dele foi desvelada. Drigo e Souza (2013, p. 75) esclarece:

> Mesmo que a semiose, a ação do signo ou a tríade objeto/ signo/interpretante em movimento, seja interrompida para uma mente particular, o signo se desenvolve e potencialmente continua apto a gerar outros interpretantes, que se atualizam assim que alcançam outra mente particular. Trata-se de um processo que caminha – de modo um tanto quanto circular –, pois busca o interpretante final e o objeto, simultaneamente. No entanto, faz-se no tempo.

A tríade que sustenta a concepção de signo em Peirce está, por sua vez, alicerçada nas três categorias que nada mais são que as maneiras como são apreendidos todos os fenômenos ou coisas do mundo que nos vêm à mente, são elas: primeiridade, secundidade e terceiridade.

> Como primeiridade tem-se um primeiro modo do aparecer, dado pelas qualidades do fenômeno. É algo que não reage, que se apresenta como um objeto que não resiste. As qualidades da cor, do som, do odor, do prazer estão presentes em fenômenos completos em si mesmos e que se constituem em livres possibilidades de experiência. A faculdade de ver, uma das faculdades consideradas para ler o mundo como aparência, é imprescindível para vivenciar qualidades do mundo tal como elas aparecem. Assim, ela é livre, tem frescor. É pura possibilidade. (DRIGO; SOUZA, 2013, p. 71).

Outro modo de o fenômeno aparecer é o da alteridade, princípio da segunda categoria. Nela, o embate e a resistência são marcas da presença do outro. É algo que se impõe à nossa vontade e expectativa.

A terceiridade, categoria do signo genuíno, é território da semiose ou do processo de geração de signos. Para Peirce (2010, p. 328), "o sentido de categoria, é o mesmo que mediação". Embora a terceira categoria fosse denominada também de representação em alguns de seus textos, Peirce, em 1898, fez uma revisão crítica dessa terminologia e concluiu que o termo representação não conseguia alcançar a terceiridade, ou seja, essa categoria ia além da lógica. Tal categoria, por ser expandida à natureza, passa a ser entendida como generalidade, infinitude, continuidade, crescimento, inteligência. Em termos evolucionistas, a terceiridade pode ser traduzida pela tendência a adquirir ou tomar hábitos por generalidade. Esse termo pode ser explicado pelo fato de que a natureza do signo é a mesma da generalização. Para ser signo, algo deve ser fruto de um processo de generalização e assim estar no lugar de outro, para ter o poder de representar. Pensemos o quanto fazemos isso com a nossa experiência. Generalizamos a partir das nossas experiências.

> Nesse sentido, como nos diz Peirce, o homem é signo. Sim é signo, uma vez que é um ego generalizado de sua experiência. Vamos focar a tríade signo/objeto/interpretante se realizando (ou em processo) para tratar da infinitude. O signo representa o objeto e esse, por estar no lugar do objeto, tem o poder de gerar outro signo, o interpretante. (DRIGO; SOUZA, 2013, p. 74).

As breves considerações sobre linguagem na concepção de Saussure e Peirce me fizeram optar por Peirce. Por eleger um objeto verbo/visual — o logotipo —, julgo pertinente a opção pelo conceito de signo peirceano, dada sua amplitude. Ao avançar nesta leitura, novos conceitos de Peirce serão apresentados, o que permitirá a compreensão de como se constitui a linguagem da marca.

Dessa forma, partindo da concepção peirceana de signo como alguma coisa que representa algo para alguém, a marca e suas expressões podem ser vistas como um signo complexo, que é consequência de uma longa construção sustentada pelos elementos do composto de marketing que representa a forma como interagem os ambientes interno e externo à empresa. Essa forma de interação dá-se por meio de abordagens significativas, a teoria que apresenta os 4Ps, ou seja: produto, preço, promoção e praça de venda.

Cada tipo de signo traz à mente objetos de espécies diferentes daqueles revelados por outros tipos de signo. Considerando-se poder ser o logotipo um signo complexo, pois que atravessado pelas linguagens visual e verbal, todo o poder significativo desse caráter híbrido deve ser trazido à tona.

De modo geral, o objeto que uma marca tenta representar não é apenas um produto ou serviço. Ela inclui também a cultura, a missão, o histórico da empresa, a visão dos fundadores ou dirigentes, a relação de valor com seu público-alvo, as estratégias desenvolvidas pela agência de propaganda de marca (BACHA, 2005).

Ainda segundo Bacha (2005), o signo-marca se torna mediador desses fatores tendo em vista seus efeitos ou interpretantes na mente (real ou potencial) do seu público-alvo. A marca pode funcionar como mediadora entre o sistema de produção e o sistema de consumo. Essa função mediadora como signo torna a marca representante de algo e funciona como substituto desse algo, gerando em uma mente interpretadora um efeito, que pode ser real ou potencial. Faz-se importante ressaltar que, na definição peirceana, o signo não necessariamente representa algo para alguém, um intérprete, mas ele tem um potencial significativo independentemente de qualquer intérprete concreto.

Para verificar o potencial interpretativo de um signo, mais especificamente do signo-marca, Santaella (2002) apresenta um roteiro de análise. Segundo a autora, na prática, a análise semiótica tem três aplicações principais quando relacionadas a marcas. A primeira é analisar o signo (a marca) e definir qual é o potencial comunicativo dele, ou seja, que efeitos ele pode, potencialmente, gerar na mente do consumidor. A segunda aplicação é definir os efeitos interpretativos desejados, buscando expressividades que possam gerar os efeitos buscados. E a terceira importante aplicação refere-se à análise do nível de semelhança entre dois signos com a finalidade, por exemplo, de avaliar casos de suspeita de plágio. A marca é um signo, que representa um objeto — uma empresa, um produto, uma ideia etc. — para alguém, um consumidor real ou potencial e todos os possíveis intérpretes desse signo. A aplicação aos cenários comunicativos e mercadológicos foi traduzida por Perez (2004), no diagrama (Figura 5) apresentado a seguir:

Figura 5 – Tríade marcária

Fonte: PEREZ (2004, p. 152)

A marca é o agente de ligação capaz de estabelecer um diálogo entre duas linguagens, veiculando a cultura da empresa e da qualidade de seus produtos à cultura do dia a dia do público consumidor. Os produtos não podem falar por si, a marca é que dá significado e fala por eles.

Voltando à lógica da logotipo como signo, lembro que seu papel é estar no lugar de algo. Esse algo (objeto) inclui não só o produto, mas também o ambiente sociocultural, o histórico da empresa que detém a marca, suas instalações físicas, a visão de seus dirigentes, os valores da empresa e da marca, os preços de seus produtos, os gostos e preferências de seu público-alvo, o "caminho criativo" que a agência desenvolveu para a publicidade da marca. Trata-se de uma mescla de objetos de natureza distinta, tangíveis e intangíveis, reais e imaginários. O objeto complexo da marca, por ter a amplitude de abarcar todas as informações existentes sobre o signo e ainda conter as que estão por vir, insere-se na classificação peirceana como objeto dinâmico, objeto fora do signo, inscrito no mundo.

Nesse ponto, retoma-se a relação do signo com seu objeto dinâmico que pode ser: ícone, quando representa seu objeto por similaridade; índice, quando o faz por conexão existencial; e símbolo, quando se refere ao objeto em virtude de uma lei, uma associação de ideias gerais que opera no sentido de fazer com que o símbolo seja interpretado como se referindo àquele objeto.

Todo nome próprio é um símbolo e a marca é um nome próprio. No caso da marca como sistema de representação convencional, fica claro seu aspecto simbólico, e é por meio da publicidade que a marca nasce e se expande. A marca, como símbolo, é construída por meio de um conjunto de experiências significantes que estabelece com o público consumidor. Cada experiência é uma fonte de significação que agrega novos significados ao signo-marca: o uso do produto, o anúncio na TV, a embalagem, o logotipo.

Contudo, na sua natureza de assinatura, na condição de um logotipo, a marca é proeminente um sinsigno, isso porque, nessa condição, o signo/marca assume o papel de apontar para o objeto que representa. Assim, intercambiando no papel de símbolo, como signo cujo sentido decorre de uma convenção, e no papel de índice, visto que identifica um tipo de produto e o distingue de outros, a marca tem em seu interior o papel do ícone. As formas, o jogo de cores, o caminho da criação, que atraem os olhos do receptor e apelam para seus significados, produzem a camada qualitativa que instiga a lembrança, que leva a associações prazerosas, que por sua vez contribuem para a memorização. É a partir dessas dimensões que interessa enxergar a marca contemporânea.

O terceiro constituinte do signo, o interpretante ou processo relacional que se cria na mente de um intérprete, permite antecipar os modos possíveis de recepção das mensagens, considerando-se sua própria constituição como signo. Os processos comunicativos da marca são capazes de produzir efeitos interpretativos múltiplos e diversos, camadas sobrepostas e interligadas de sensações, sentimentos, ações e pensamentos que se manifestam a partir dos contatos entre o consumidor e a marca.

Cabe enfatizar que Peirce categorizou os possíveis efeitos interpretativos de um signo em: interpretante emocional, energético e lógico. O interpretante emocional, ligado à primeira categoria (primeiridade), corresponde a qualidades de sentimento que produzem emoção e estão presentes, em maior ou menor grau, em qualquer processo interpretativo. No caso da comunicação da marca, a propaganda é capaz de alçar os interpretantes emocionais para o primeiro plano via efeitos imagéticos, sonoros e verbais.

O interpretante energético, atado à secundidade e a tudo o que a ela caracteriza como experiência concreta que leva o intérprete a uma constatação, está presente nas experiências de interação presencial com a marca. A opção pela compra de uma dada marca é fruto de um processo de identificação que o consumidor estabelece com os valores veiculados pela marca.

Atado à terceiridade, o interpretante lógico, interpretável por meio de pensamentos deliberados, é acionado quando o indivíduo, como consumidor, insere-se no contexto sociocultural da marca, que lhe proporciona a sensação de proteção simbólica.

Os processos comunicativos da marca são, assim, capazes de produzir efeitos interpretativos múltiplos e diversos, permeados de sensações, sentimentos, ações e pensamentos que se manifestam a partir de contatos estabelecidos entre o consumidor e a marca.

As marcas operam como elementos de mediação entre o universo da produção e o universo de consumo, interpretando, traduzindo e comunicando valores manifestos e latentes da sociedade. É sobre esse papel de mediação, de linguagem, portanto, que propus a reflexão.

O próximo capítulo traz o contexto ampliado sobre o potencial de significados dos logotipos da TV TEM e uma breve história da televisão, para inserir a Rede Globo de Televisão e sua afiliada TV TEM.

3

CONTEXTUALIZANDO A TV TEM

3.1 Panorama da TV e da Rede Globo no Brasil

Aqui trago um panorama da televisão no Brasil para, a partir de então, centrar-se no histórico da Rede Globo de Televisão, sobretudo no modo como se deu o seu processo de regionalização e o início das afiliadas. Na proposta de programação regional será exposta a TV Bauru, precursora da televisão no interior paulista, e a TV TEM do surgimento até 2020.

Nos primórdios do processo de globalização das comunicações, o descrito por Barbosa (2001, p. 12-13) é:

> O processo de globalização é descrito como sendo uma expansão dos fluxos de informações – que atingem todos os países, afetando empresas, indivíduos e movimentos sociais – pela aceleração das transações econômicas [...] e pela crescente difusão de valores políticos e morais em escala universal.

No século XX, os meios de comunicação, rádio, televisão, veículos impressos e a internet, passaram a exercer influência na economia mundial. Contudo, bem antes do "boom econômico" que foi consequência da globalização na década de 1950, o Brasil assiste ao desenvolvimento do setor industrial, à crescente urbanização e a um novo tipo de comportamento da sociedade. Dessa forma, os meios de comunicação tiveram que se adequar ao novo ambiente que estava surgindo. A televisão foi estruturada no modelo privado e monopolista, seu precursor foi Assis Chateaubriand Bandeira de Melo que, no ano de 1950, detinha em seu domínio uma empresa de comunicação chamada *Diários e Emissoras Associadas*, que englobava vários jornais (entre os quais o *Diário da Noite* e o *Diário de S. Paulo*), a

Rádio Tupi, agências de notícias e a revista *O Cruzeiro*. (SILVA, 2008). Foi nesse contexto que Assis Chateaubriand se tornou o pioneiro no sistema monopolizado das comunicações que passou a vigorar no Brasil, ou seja, aquele que reúne vários veículos de comunicação em poder de um único acionário.

Em 18 de setembro de 1950 foi inaugurada a primeira emissora de TV da América Latina, a PRF-3 TV Difusora, posteriormente transformada na TV Tupi de São Paulo, pertencente ao grupo de Chateaubriand. Um dia após, foi transmitido o primeiro telejornal brasileiro, o *Imagens do Dia*. Como nessa época a TV não dispunha de tecnologia de ponta, o telejornal não era pontual e ia ao ar entre 21h30 e 22h. Sua duração foi curta, ficando no ar pouco mais de um ano quando foi substituído pelo *Telenotícias Panair* e que, posteriormente, foi transformado no famoso *Repórter Esso*, atração que ficou no ar durante 20 anos e que acabou dando lugar ao primeiro telejornal que atingia todo o território brasileiro, o *Jornal Nacional*, em 1º de setembro de 1969. A partir daí a então Rede Globo, ex-Tupi, começou a copiar o modelo norte-americano de linguagem televisiva, abandonando o estilo radiofônico que era aplicado ao telejornalismo da época.

A abertura da TV Tupi foi uma conquista tão grande que, em apenas três anos da sua inauguração, em 1953, impulsionou o surgimento da TV Excelsior, seguida pela Rede Record no mesmo ano e, em 1956, a TV Itacolomi na capital de Minas Gerais, Belo Horizonte.

Até então os aparelhos de TV eram produtos de posse da elite, pois eram caros e considerados "artigos de luxo". Mas a crescente abertura de emissoras por todo o país fez com que se aumentasse a produção desses aparelhos e, por consequência, verificou-se uma queda acentuada no preço, tornando-os acessíveis também às outras camadas da sociedade. Percebendo essa popularização dos aparelhos receptores, as emissoras aumentaram sua área de cobertura, o que acabou atraindo ainda mais os anunciantes.

Nessa fase da televisão, muitos dos programas tinham seus nomes associados ao nome do patrocinador, destacando-se o já mencionado *Repórter Esso*, além do *Telejornal Pirelli*, *Teatro Walita*,

Grande Gincana Kibon e *Divertimentos Ducal*, dentre outros. Na década de 1960 foram instalados os primeiros equipamentos de videotape e começa a distribuição, para todo o país, dos programas produzidos em São Paulo e Rio de Janeiro. Nessa mesma década se deu a criação da Empresa Brasileira de Telecomunicações (Embratel), pela qual se fez uma ligação do país por meio de linhas de micro-ondas e a consequente integração ao consórcio internacional de sistema de satélites de telecomunicações, o chamado Intelsat.

Por meio desse sistema de transmissões, ocorre a distribuição dos programas em rede nacional, sendo um marco de grande relevância para a televisão brasileira, pois se inicia uma segunda fase de desenvolvimento do veículo, marcada pela primeira transmissão em rede nacional do *Jornal Nacional*.

A partir do início da popularização da TV, o telespectador passa a se sentir "dono" da sua nação imaginada, pois tem a liberdade de sintonizar o canal e o programa a que deseja assistir.

Além da expansão da Rede Globo de Televisão, outro marco na história da televisão foi na década de 1970, com o início da transmissão da imagem em cores. A primeira transmissão colorida se deu na cerimônia de inauguração da Festa da Uva, em Caxias, no Rio Grande do Sul, feita pelo presidente da República à época, Emílio Garrastazu Médici, por intermédio da TV Difusora, de Porto Alegre. Na época, a Rede Globo não colocou toda a sua programação a cores, pois o investimento era alto e a empresa não dispunha de verba suficiente.

Um fator complicador na época foi que, devido aos custos e à objeção do povo em relação ao meio televisivo, tornou-se difícil achar pessoal capacitado para trabalhar nas emissoras (ZAHAR, 2004, p. 33), a dificuldade se deu porque a TV era considerada pela população mais um meio de entreter do que de informar, conceito esse que vem sendo ao longo dos anos trabalhado e que já está bem modificado na mentalidade das pessoas. A solução foi contratar jovens que estavam iniciando a carreira profissional para trabalhar no telejornalismo da Rede Globo.

A partir daí, se deu a ampliação da rede pelo país, pois, além de ter as emissoras do Rio de Janeiro e de São Paulo, em 1971, o grupo comprou a TV Brasília, o que possibilitava a transmissão para a capital do Brasil e para o estado de Goiás. Após um ano, é inaugurada a TV Globo de Recife, cuja capacidade de transmissão atingia alguns estados do Nordeste.

Quando a emissora já tinha domínio de quase todo o território brasileiro, tornou-se fundamental a instalação de escritórios no exterior. Assim, o primeiro foi implantado no ano de 1973, em Nova York, e, no ano seguinte, inaugurava a unidade de Londres. Atualmente é um canal de TV paga, transmitido 24 horas via satélite e cabo com os parâmetros digitais, totalmente em português. Seu público-alvo é de aproximadamente 55,5 milhões de pessoas. Tem escritórios nos Estados Unidos (Nova York, Washington, Los Angeles), Argentina, Reino Unido, França, Espanha, Portugal, Itália, Suíça, Japão, África do Sul.

De acordo com Marcondes Filho (1994), a década de 1980 foi marcada pelo maior avanço da história no contexto das comunicações, pois ocorreram a expansão do número de emissoras de TV e o surgimento das transmissões a cabo, bem como o desenvolvimento de redes regionais de televisão e a entrada no país de novos e modernos aparelhos de telecomunicação e radiodifusão. A TV, com isso, foi transformada de um mero veículo em que circulavam fatos para todo um aparato de fatos, passando de espelho da realidade para produtor de realidade. Ou seja, se antes apenas mostrava aquilo que acontecia na sociedade, passou, a partir de então, a produzir e mostrar a realidade de acordo com aquilo que ela queria veicular.

Em 1990, a TV brasileira entrou em seu terceiro período, ou seja, a chamada "fase da globalização", que perdura até os dias de hoje. Aliás, sobre esse aspecto, é pertinente mencionar que, de acordo com o Portal de notícias EAM, em 27 de agosto de 2020, na nova atualização do ranking das maiores emissoras de TV do mundo, a Rede Globo agora figura na 2ª posição, antes ocupada pela norte-

-americana CBS. A Record aparece apenas na 28ª posição. A Globo fica atrás apenas da gigante ABC, de propriedade do grupo The Walt Disney Company. O ranking é baseado na renda comercial das emissoras. As informações foram divulgadas pela jornalista Heloísa Tolipan, do *Jornal do Brasil*. Ainda segundo a publicação, a emissora da família Marinho é a maior do mundo no quesito produção de conteúdo em língua portuguesa. Ranking: 1ª ABC, 2ª GLOBO, 3ª CBS, 4ª NBC 5ª TELEVISIVA, 6ª CNN, 7ª BBC, 8ª CCTV (DELL SANTO, 2020).

Outro marco histórico aconteceu em 2 de dezembro de 2007, quando a TV marcou a história brasileira novamente. Nesse dia começam, na cidade de São Paulo, as transmissões oficiais dos sinais do "Sistema Brasileiro de Televisão Digital", o SBTVD ou TV de alta-definição — *High Definition TV* (HDTV) —, cuja viabilização se faz por meio de uma plataforma de *software*, denominada *middleware*, para a execução de aplicações não importando o sistema operacional em uso.

No Brasil, o *middleware* foi definido para a TV aberta —SBTVD. "Esta plataforma é capaz de executar aplicações escritas em linguagens de programação que precisam de um grande poder de representação das ideias dos que pensam na interação usuário – TV" (FERRAZ, 2009, p. 27). A TV digital é uma televisão cuja base se dá por uma nova plataforma de comunicação baseada em tecnologia digital para a transmissão de sinais. As características dessa tecnologia, como a interatividade, a multiprogramação e a qualidade de definição de imagem, permitem maior qualidade de vídeo e áudio, além do aumento de ofertas de programas televisivos. Com a TV digital é possível desvincular-se da programação normal, baseada no entretenimento, trabalho, negócios e educação.

Com essas informações sobre a TV brasileira e em particular a Rede Globo, passo para o processo de regionalização da Rede Globo no Brasil e o início das afiliadas: a precursora TV Bauru e a TV TEM com sua proposta de regionalização, ambiência para a leitura dos logotipos.

3.2 O processo de regionalização da TV Globo no Brasil

A regionalização das redes de televisão brasileiras teve seu início a partir das décadas de 1970 e 1980, quando as empresas de comunicação começaram a sentir a necessidade de ampliar o alcance de sua emissão. O intuito era se tornarem mais próximas dos telespectadores de determinadas regiões, com o objetivo de transformá-los em porta-vozes das necessidades das comunidades locais, cumprindo assim uma importante função social e, ao mesmo tempo, dando voz ao telespectador.

São poucos os estudo sobre de onde surgiu o termo TV Regional e qual é a definição para essa modalidade de TV. Visto que "Região" deriva do latim "régio", que deriva do verbo "regere" e é composta do radical "reg", que deu origem a palavra "regional" e outras palavras que se desvinculam do sentido de "região", no caso, "regência" e "regra" (CORRÊA, 1990, p. 48), entende-se que regional consiste em um movimento que propõe inserção, mas demanda arranjos produtivos que reflitam a necessidade de, no caso da mídia, representar identidades regionais, mas também desenhar a geografia de mercado, atendendo, em um só tempo, produtores e consumidores de bens materiais aos simbólicos, da informação jornalística ao entretenimento.

A fala regional é uma característica marcante nas produções de empresas midiáticas ou grupos de mídia que se pretendem regionais e locais. E essa pretensão deve ser entendida como o empenho em articulações, movimentos requeridos pelo processo de ordenamento (e reordenamento do espaço), seja de indivíduos particulares, seja de organizações públicas e comerciais, especialmente da mídia.

Por ora, chama-se veículo regional (ou regionalizado) uma organização fundada na perspectiva de uma área de influência: circulação de bens materiais, geradora de especializações e de complementaridades/formas sociais da troca, dependente, em maior ou menor medida, do exercício do poder e da autoridade social, inclinada ao mercado de bens e serviços. Levam-se em conta a extensão das áreas, o perfil demográfico e (ou especificamente) de urbanização e as vantagens coletivas da utilização de determinado espaço e certas estruturas.

Inicialmente, as emissoras tinham interesse financeiro em regionalizar o seu conteúdo, já que as arrecadações publicitárias do interior do país são bastante significativas para a empresa. Posteriormente, viu-se que, além da importância mercadológica, a TV regional tem função cultural e educativa. Telespectadores que moram em lugares distantes dos recursos existentes nas capitais, com pouco grau de instrução e que estariam talvez condenados ao isolamento, puderam ver pelas emissoras locais que eles têm direitos e, com isso, ganharam força para reivindicar. Dessa forma, as emissoras registraram altos índices de audiência em seus programas e viram, consequentemente, os espaços publicitários se valorizarem consideravelmente.

Uma observação importante é que a Rede Globo detectou que o seu telespectador se interessava mais pelo conteúdo regional do que pelo nacional na programação da emissora. Isso fez com que se investisse mais na programação dirigida a esse público, pois é pela mídia local que a população de uma determinada localidade pode se informar sobre acontecimentos próximos, ocorridos no seu bairro, cidade ou na sua região. Para Peruzzo (2005, p. 78),

> [...] o meio de comunicação local tem a possibilidade de mostrar melhor do que qualquer outro a vida em determinadas regiões, municípios, cidades, vilas, bairros, zonas rurais, etc. [...] Está num contexto vantajoso para o leitor ou telespectador, ou seja, a proximidade da informação.

A Rede Globo viu na regionalização a possibilidade de alargar sua audiência, que na época já era elevada, e de aumentar seus rendimentos com publicidade. Uma das dificuldades das redes regionais é a falta de autonomia com relação à programação, pois elas dependem da grade da emissora-líder ou redes nacionais. Por sua vez, apesar dessa dependência, as redes regionais se beneficiaram ao se afiliarem às emissoras de TV de penetração nacional, pois, além de utilizarem espaços na grade da emissora para transmitir a sua programação local, ainda negociam os espaços publicitários no Brasil, que se tornam grande fonte de recursos financeiros para a emissora-líder.

As redes viram nesse processo uma oportunidade de ampliar sua presença e acentuar o valor de suas marcas nos conteúdos que atingem hoje a quase totalidade do território nacional. Os espaços chamados de "janelas" (da programação nacional) são ocupados por produções de conteúdo regionalizado como forma de se fazerem presentes para os públicos, mas, principalmente, para a divulgação dos anunciantes das diferentes localidades e regiões brasileiras.

As emissoras e suas práticas acabaram por se firmar como agentes promotores da visibilidade de instituições, empresas produtoras de bens e serviços e das comunidades, vistas como oportunidades de negócios. Na disputa por fatias de mercado, a abrangência da cobertura e a adequação de conteúdos são fatores primordiais no momento de escolher as oportunidades de mídia mais atrativas aos olhos dos anunciantes. Assim, as atenções recaem sobre eventos e campanhas relacionadas ao dia a dia das comunidades regionais e locais.

No quesito desenvolvimento de planos e estratégias de regionalização, outro aspecto que se destaca é o fato de emissoras afiliadas trabalharem em conjunto na elaboração de propostas comerciais para empresas que desejam se aproximar do público consumidor de regiões específicas do país. Em 2003, a união das afiliadas no interior de São Paulo, Rio de Janeiro, Minas Gerais e parte do Nordeste buscou encampar iniciativas desse gênero para buscar alternativas que pudessem potencializar a aplicação dos recursos.

Os projetos regionais acabam por se tornar atrativos, uma vez que garantem altos níveis de visibilidade para as marcas, sem perder de vista o vínculo com as diversidades regionais, e com custos acessíveis.

A Rede Globo inseriu sotaques regionais em sua programação, por meio de coberturas jornalísticas de eventos que marcam o cotidiano das comunidades e da abertura de horários para que as emissoras desenvolvessem atrações próprias, haja vista o processo de descentralização da atividade econômica, responsável pela elevação dos índices de potencial de consumo das diferentes regiões do país. Conhecer potencialidades de cada mercado tornou-se prioridade para agências ou anunciantes envolvidos com a compra e o planejamento de mídia.

Em um recuo no tempo, resgata-se o período em que a Globo deu início ao processo de regionalização, a partir do seu telejornalismo, que buscava romper o distanciamento com seu público e, ao mesmo tempo, abrir novas fronteiras e perspectivas para o faturamento comercial. O caminho escolhido foi a interiorização e a segmentação de mercado. A interiorização ganhou força nos anos de 1980, com a criação da Central Globo de Afiliadas e Expansão (CGAE), setor responsável pela programação, engenharia e jornalismo nas retransmissoras próprias e afiliadas.

Faz-se necessário lembrar que a televisão só se configurou em rede graças à chegada da tecnologia de micro-ondas da Embratel, inaugurada em 1969. A partir de então, emissoras de alcance local ou regional passaram a receber e retransmitir programação gerada em São Paulo e no Rio de Janeiro. O videotape, utilizado desde 1960, e o sistema de micro-ondas significaram a possibilidade de distribuição de programação para quase todo o país:

> Com a implantação de um sistema de UHF que permitiu a criação de uma rota de sinais desde o Morro do Jaraguá, em São Paulo, até Bauru, os telejornais e as telenovelas passaram a ser vistos pelos bauruenses ao mesmo tempo em que chegavam às casas dos paulistanos e cariocas. (CAVA, 2001, p. 75).

Foram exatamente as iniciativas locais de teledifusão que propiciaram a formação das redes, ou seja, a constituição de uma "malha" que só se perfaz como um todo graças à existência de vários pontos que se interconectam, que se comunicam. Tal fato representou a possibilidade de as empresas de comunicação, situadas em capitais como Rio de Janeiro e São Paulo, firmarem contratos de afiliação com pequenas emissoras ou até mesmo efetuarem a compra delas diante dos poucos recursos que empresários locais tinham para manter uma televisão funcionando. Nesse modelo, as emissoras centrais são as cabeças-de-rede — as quais centralizam a produção da maior parte da programação — e as afiliadas retransmitem a programação com direito a algum espaço para produções próprias, chamados de horários periféricos.

Para a emissora local, a afiliação representa investimento em equipamento, qualidade técnica (de produção e difusão) e de pessoal que atua nas mais diversas áreas de uma empresa de televisão — de repórteres e editores a responsáveis pela parte comercial e administrativa. A televisão local passa a desfrutar da credibilidade da rede nacional. O "selo" da rede é um forte argumento para a captação de recursos publicitários entre empresas e prestadores de serviços que: **a)** não têm condições de arcar com os custos de inserções em rede nacional; ou **b)** pretendem atingir somente aqueles públicos localizados em certas cidades ou regiões menores.

As afiliadas estão ligadas à grade nacional, não podendo, na maioria dos casos, veicular produções próprias fora dos horários aprovados pela líder. Isso equivale ao engessamento da programação da emissora local ou regional que, no contrato de afiliação, passa a obedecer a critérios e padrões que vão da identidade visual aos formatos jornalísticos e comerciais.

As Organizações Globo, na esteira do processo de afiliação, decidem investir na regionalização iniciando por Bauru, estado de São Paulo, visto desde a década de 1980 como o segundo mercado do interior brasileiro; porém, a história da TV Bauru, teve início em 1959. Cava (2001) sustenta que Bauru foi a primeira cidade fora dos domínios dos grandes centros a criar sua própria estação de televisão. Agosto de 1960 é tido como sua estreia oficial, mas a emissora já funcionava antes disso. Transmissões experimentais teriam ocorrido entre os meses de junho e julho de 1959, mas a história vem de 1932,

> [...] quando João Simonetti, o futuro dono da TV Bauru – Canal 2, buscava recursos junto ao comércio para manter o serviço de alto-falantes. Dois anos

mais tarde, Simonetti levava ao ar a primeira transmissão de rádio da região, e também a segunda do interior paulista, pela Bauru Rádio Clube. (CAVA, 2001, p. 22).

Em 1º de setembro de 1969, Cid Moreira dava o seu "boa noite" para todos ao mesmo tempo. Nos anos seguintes, com a extinção dos programas caseiros e a redução do tempo para o jornalismo local, a evolução tecnológica roubaria a cena. Em 1970, a nova TV Bauru se responsabilizaria pela produção de matérias com informações de todo o Estado (menos capital e litoral) para o Globo Interior, espaço que a Rede Globo reservava para notícias "interioranas".

O videotape chegaria nos anos de 1980 e, então, a Globo retomaria de vez o jornalismo na cidade. Em 28 de fevereiro de 1980 ia ao ar o bloco local do Jornal das Sete. Depois do "boa noite" de Luiz Antonio Malavolta, vinha uma promessa: "A partir de hoje, a região oeste de São Paulo ganha uma nova forma de comunicação". Quinze minutos de duração eram preenchidos pelo trabalho de uma única equipe de reportagem. Também nos anos de 1980 o filme de 16 milímetros e o sistema de slide se aposentaram, entrou em cena o U-Matic, equipamento de videocassete efetivamente portátil e de melhor qualidade.

Em 1983 já se sabia que uma região composta de 260 municípios reclamava da cobertura discreta. No ano seguinte, a TV Bauru não só mudou de nome, mas passou a ser contabilizada no projeto da Rede Globo de abertura do mercado publicitário do interior.

Ancorada na primeira experiência bem sucedida em Bauru, a Globo segmentaria ainda mais o mercado interiorano, inaugurando emissoras próprias em São José do Rio Preto, Presidente Prudente, Sorocaba e São José dos Campos, retransmitindo para afiliadas na Baixada Santista, na região de Campinas e em Ribeirão Preto.

A escolha e a delimitação do território físico onde a emissora passou a produzir e difundir a informação de interesse comunitário foram feitas ao longo dos anos pela Rede Globo, e exclusivamente a seu critério. Na definição da área de cobertura da emissora regional foram levados em conta fatores como o interesse comercial do veículo, o potencial econômico da região e a facilidade tecnológica: era necessário que a região estivesse coberta pelas linhas de transmissão da Embratel, para que o sinal de São Paulo pudesse chegar a um ponto e dali ser retransmitido para toda a área de cobertura. À facilidade tecnológica somaram-se outros fatores, como o econômico.

Assim, o fatiamento do mercado interiorano só foi acelerado após a Globo vencer os obstáculos técnicos, instalando antenas de retransmissão, para levar suas imagens às 99 cidades paulistas com o padrão técnico de qualidade global definido pela Central Globo de Engenharia — imagem limpa, sem chuviscos. Em 1985 a qualidade do sinal melhora com a instalação de um transmissor TT6AL, marca RCA. A emissora passa a operar com 5 mil watts. Em 1986 as sucursais de São José do Rio Preto e Araçatuba passam para a Rede Globo Noroeste Paulista. Restaram Marília, Presidente Prudente e Bauru.

Em outubro de 1998 começa a construir sua história a TV Modelo. Em 2000 já estaria dentro do "Projeto Regional do Futuro", planejado pela Rede Globo para dar mais autonomia às unidades regionais. A proposta da TV Modelo era o envolvimento com as comunidades da região. São abertas as sucursais de Marília e Botucatu e o jornalismo tem ampliada a produção local. Os dois jornais que somavam pouco mais de 15 minutos evoluíram para média diária superior a uma hora. A essa altura já faziam parte da programação dita "regional" o *Modelo Esporte*, a revista *Inter@ção* e o *Nosso Campo*. O último acabou sendo absorvido pelas afiliadas TV Progresso (São José do Rio Preto), TV Fronteira (Presidente Prudente), TV Aliança (Sorocaba) e TV Diário de Mogi das Cruzes, por se constituir importante produto para o setor regional do agronegócio.

Na esteira do jornalismo, vieram campanhas para rubricar as propostas comunitárias:

> A "Semana da Faxina", por exemplo, limpou várias cidades da região que se dispuseram a trabalhar contra o lixo. O velho conhecido mosquito da dengue também não teve folga. A campanha "Amigos da Escola" garantiu material escolar para milhares de

> estudantes. Projetos de lazer, como o "Recreança", e de cultura, como o "Música na Praça", mostraram, por sua vez, a preocupação da emissora de estar presente em todos os setores da comunidade. O mesmo ocorreu com o esporte, na realização da "Copa TV Modelo de Futsal" e de outros eventos de destaque. (CAVA, 2001, p. 126).

A proposta "regionalizada" da emissora já chamava atenção do mercado publicitário da região.

> No ano 2000, até mesmo colunas inseridas dentro dos jornais da emissora conquistaram o anunciante. Na verdade, a aceitação da TV Modelo, enquanto produto de comunicação e cidadania, representou a consolidação de um novo modelo de televisão. (CAVA, 2001, p. 127).

Já operando com 10 mil watts de potência, a TV Modelo:

> [...] implantou a maior rota de sinais de microondas digitais terrestres da América do Sul, com a ajuda de sofisticados equipamentos de rádio da NEC japonesa, dona de tecnologia digital de compressão que permite até quatro canais independentes de vídeo e 16 de áudio, além de áudio estéreo, closed caption e internet, entre outras maravilhas do mundo moderno que o telespectador nem imagina existirem. (CAVA, 2001, p. 127-128).

Segundo Cava (2001), a rota de micro-ondas ampliou a área de cobertura nas regiões de Botucatu e Avaré. A emissora comemorou ainda a chegada do sistema Betacam SP (substituindo o U-Matic) com câmeras mais avançadas e portáteis, fitas menores e ilhas de edição de maior qualidade. Postos retransmissores passaram a se chamar Non Stop. A partir dele, a duplicação de transmissores, geradores e antenas, e a instalação de sistemas nobreak reduziram significativamente as chances de haver falhas de sinal por falta de energia.

A emissora de Bauru (TV Modelo) segue até 2003, quando, então, com as emissoras de São José do Rio Preto, Sorocaba e Itapetininga, viria a se tornar parte da TV TEM, afiliada Rede

Globo como uma rede regional de televisão brasileira, que abrange 318 municípios, o equivalente a 49% do território do estado de São Paulo.

3.3 TV TEM

A TV TEM é uma rede regional de televisão brasileira, afiliada à Rede Globo, e foi fundada em 6 de maio de 2003, pelo empresário José Hawilla ou J. Hawilla, (1943-2018), como era conhecido nos meios empresariais e esportivos brasileiros. J. Hawilla nasceu em São José do Rio Preto, interior paulista. Jornalista, tornou-se empresário, dono da *Traffic*, principal empresa de marketing esportivo do Brasil, como também outras empresas e faleceu em 2018. Seus filhos, que já administravam os negócios da família, assumiram as empresas, e o primogênito Stefano Hawilla é o Presidente das emissoras TV TEM.

Em setembro de 2002, as TVs Modelo (Bauru), Progresso (São José do Rio Preto), Aliança (Sorocaba) e afiliadas da Rede Globo foram compradas das Organizações Globo por J. Hawilla, formando uma só rede de TV.

Em 6 de maio de 2003, surge um novo conceito de televisão regional. Um acordo operacional entre as afiliadas da Rede Globo em Bauru, São José do Rio Preto, Sorocaba e Itapetininga resulta na TV TEM, uma diretriz que implicou investimentos, novos programas, aprimoramento profissional, modernização e criação de unidades avançadas, neste dia inauguraram suas novas marcas, logotipo e programação visual, assim nasceu a TV TEM, "a TV que tem você", slogan da época, da rede de emissoras.

O objetivo foi unir quatro TVs em um negócio que tivesse a possibilidade de oferecer maior cobertura jornalística e otimizar a comercialização dos espaços publicitários para os anunciantes do interior paulista. As quatro emissoras retransmitem o sinal da Globo com inserções de programação local para 49% da área do estado de São Paulo, atingindo uma média de 8,5 milhões de habitantes, cobrindo 318 municípios.

A ilustração do mapa (Figura 6) do estado de São Paulo mostra a área de abrangência das quatro emissoras do grupo destacadas:

Figura 6 – Abrangência da TV TEM no estado de São Paulo

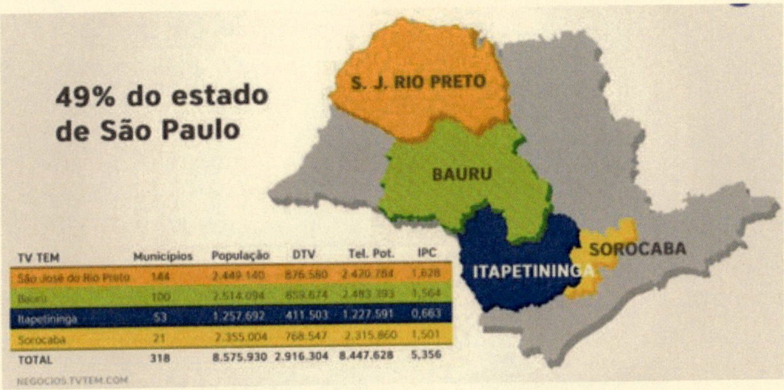

Fonte: Atlas de cobertura Rede Globo, arquivo mkt TV TEM 2020

No dia 6 de maio de 2003, durante a exibição do *SPTV Segunda Edição* (19h50), J. Hawilla apareceu em todas as emissoras do grupo em entrevista ao vivo, exibida para as 318 cidades cobertas pela rede para anunciar a TV TEM. O telejornal que dava esta notícia também mudara de nome: de *SPTV* para *Tem Notícias Segunda Edição*. O comercial de lançamento explorava o verbo ter: "Aqui tem notícia, tem novela, tem esporte, tem prestação de serviços...".

Para atingir o mercado anunciante diluído em 318 municípios, o grupo criou unidades de produção e vendas nas principais cidades que cobrem logisticamente toda a região. A principal emissora do grupo da TV TEM fica na cidade de Sorocaba, onde estão centralizados todos os departamentos que administram o grupo das quatro emissoras, as outras, estão situadas nas cidades de Bauru, São José do Rio Preto e Itapetininga. Também possui unidades que contam com equipes de jornalismo e comercial nas cidades de Jundiaí, Marília, Ourinhos, Araçatuba, Votuporanga.

Líder de audiência em seu mercado, segundo pesquisa Ibope realizada em 2020 (KANTAR IBOPE, 2020), a TV TEM realiza constantes investimentos em tecnologia, garantindo uma transmissão de qualidade, tanto no sinal de suas retransmissoras, quanto na sua programação.

Para contribuir com o desenvolvimento da região, a emissora oferece um conteúdo jornalístico regionalizado, um calendário de eventos de sucesso e ainda, programas locais que alcançam altos índices de audiência, levando informação e entretenimento a milhões de telespectadores.

O trabalho com a mídia do interior foi intensificado, principalmente com as agências de publicidade, para que se garantisse a permanência de anunciantes na região. Para atrair novos anunciantes, a estratégia foi mostrar a projeção de mercados regionais na capital.

A avaliação mais rigorosa das afiliadas nos aspectos comercial e editorial é apontada como coadjuvante nesta "boa" performance. As redes do país também têm alterado seus modelos de contrato, passando a ser mais exigentes nas contrapartidas dos parceiros.

Em 2008 em entrevista ao Boletim informativo TV TEM, J. Hawilla reafirmou o compromisso em buscar desenvolvimento regional promovendo e dando visibilidade a iniciativas que fortaleçam a economia e o mercado publicitário; que resultem em benefícios para toda comunidade, que já legitimou a TV TEM como a "TV da região" (BOLETIM INFORMATIVO TV TEM, 2008, p. 2).

Percebe-se que Hawilla acentuou a ideia de que desenvolvimento regional liga-se imediatamente a negócios, à economia e ao mercado publicitário. Por sua vez, com algumas observações referentes à cidadania e educação, Renata Afonso diretora geral da TV TEM, no período de 2007 a 2021, afirmou atender às necessidades dos telespectadores e anunciantes de 318 municípios:

> [...] é uma missão que inclui cobertura jornalística incisiva e abrangente; ações de cidadania, eventos culturais, educativos e esportivos, bem como fomento ao desenvolvimento socioeconômico, por meio de

> fóruns, seminários e palestras que ajudam a fortalecer e a integrar as comunidades de nosso rico interior.
> (BOLETIM INFORMATIVO TV TEM, 2008, p. 3).

Outro fator que colabora para o credenciamento da televisão como um agente dinamizador do mercado publicitário é o fato das equipes de Bauru, São José do Rio Preto, Itapetininga e Sorocaba trabalharem com o mesmo objetivo. Para isso, as equipes caminham juntas de forma que um executivo de São José do Rio Preto e outro de Sorocaba têm o mesmo discurso junto ao mercado.

A proposta regional em relação à programação da TV TEM se caracteriza assim:

- **Direto da Redação**

Exibe as notícias consideradas principais do dia, várias vezes com matérias feitas ao vivo.

- **Bom Dia Cidade**

O Bom Dia Cidade é exibido de segunda a sexta, às 8h. Leva as principais notícias da manhã para toda a região. Exibido ao vivo para as 318 cidades da área de cobertura da TV TEM.

- **TEM Notícias**

Telejornal exibido de segunda a sábado, em duas edições diárias: 11h45 e 19h15. Jornalístico local com as principais notícias da região e foco na prestação de serviços para a Comunidade.

- **Nosso Campo**

Programa dedicado ao agronegócio, é exibido aos domingos, às 6h50. Destaca a importância da região Sudeste nesse setor, avaliando a indústria e o comércio dos produtos. Reportagens de todo o estado de São Paulo tratam sobre os negócios agropecuários do interior paulista, onde se concentra a segunda maior economia do país. O programa ainda traz receitas típicas do campo, dicas de turismo (antigas fazendas que foram transformadas em hotéis, por exemplo), uma agenda de eventos com shows, rodeios e exposições agropecuárias.

- **Revista de Sábado**

Programa em que os apresentadores Marcos Paiva e Priscila Tanganelli passam pelas várias cidades da área de cobertura TV TEM mostrando curiosidades e seu povo. O Revista vai ao ar aos sábados, às 14h10. A cada semana o programa é apresentado em uma cidade diferente da área de cobertura da TV TEM. Trata de temas como educação, moda, música, esporte, cinema, shows.

- **Novo Normal**

Programa foi exibido aos sábados às 14h55. O programa retratou, com bom humor, o cotidiano durante e pós-pandemia, abordando os impactos nos negócios e nos novos comportamentos que se apresentavam. Além de prestar serviço, a temporada mostrou às pessoas o que é o "novo normal" e, com a ajuda de especialistas, apontou caminhos e soluções criativas para os desafios do dia a dia.

Os programas Nosso Campo e Revista de Sábado são produzidos em Sorocaba e compartilhados entre as quatro praças da TV TEM. Já os telejornais são padronizados em termos de horários, tempos e formatos. O Bom Dia Cidade: espaço para informações locais é exibido de segunda a sexta, às 8h, é apresentado direto dos estúdios de Sorocaba e integra as quatro emissoras da TV TEM. O Bom Dia Cidade leva à população as mais importantes notícias do dia, além de esporte, economia, serviço, previsão do tempo, entrevistas e muito mais. Somente o Direto da Redação, TEM Notícias Primeira e Segunda Edições são produzidos localmente, ou seja, as quatro praças produzem os jornalísticos, com mesmo tempo e mesmo formato, porém fixando-se em fatos e temas das cidades pertencentes às respectivas áreas de cobertura.

No entanto, as produções jornalísticas se concentram nas cidades em que a emissora tem escritórios de produção. Obviamente isso responde ao imperativo das possibilidades que as equipes de reportagem têm de se locomoverem até determinadas distâncias. Assim, na produção de material noticioso referente ao cotidiano, respeitam-se as administrações públicas, os problemas de infraestrutura das cidades ou eventos sociais e políticos, predominam as cidades-praças, ou seja, aquelas em que há escritórios com equipes de produção e as cidades circunvizinhas a elas.

A operação entre as quatro emissoras facilita a produção de material jornalístico, mas, sobretudo, as estratégias de captação de publicidade. A empresa comercializa espaços publicitários para veiculação de comerciais nas áreas de cobertura Sorocaba, Bauru, São José do Rio Preto e Itapetininga, interpraças e ou em toda rede.

Como afiliada da Rede Globo, a TV TEM conta com índices de audiência significativos, além de se obrigar a manter o padrão de qualidade nas produções. Isso resulta em um incremento da visibilidade de fatos, indústrias, serviços e instituições da região. Atualizado 24 horas por dia, o portal G1 reúne notícias sobre política, ciência, economia, emprego, educação, saúde, bem-estar e cultura, do Brasil e do mundo, na melhor cobertura jornalística da região e também mantém um banco de dados sobre todas as cidades cobertas pelo sinal da TV TEM.

Feito esse panorama que inclui breve história da televisão no Brasil, sobretudo da Rede Globo com foco no processo de regionalização que inclui a TV TEM, retomamos o propósito de averiguar no logotipo da TV TEM marcas da identidade regional. Para tanto, a análise semiótica, tema do próximo capítulo, faz a análise dos logotipos referentes ao período de 2003 a 2020, a fim de verificar nelas tal potencial de significados.

4

ANÁLISE SEMIÓTICA

4.1 O potencial de significados dos logotipos da TV TEM

As análises semióticas dos logotipos da TV TEM estão apresentadas nos aspectos qualitativos, referenciais e simbólicos das marcas nos períodos de 2003; 2006; 2008 — comemoração ao aniversário de 5 anos —; 2013: comemoração ao aniversário de 10 anos; 2015 e 2018: comemoração do aniversário de 15 anos; e 2020: totalizando 12 logotipos, dispostos em três quadros (quadros 1, 2 e 3) divididos pela semelhança das formas, cores e texturas. Assim, neste capítulo, as análises semióticas dos logotipos da marca TV TEM têm o intuito de verificar em que medida a construção identitária desta afiliada nelas se materializa.

Para a uma análise semiótica não há forma certa ou errada, mas para uma análise bem feita, de qualidades inerentes ao signo, é fundamental o exercício das três capacidades a seguir:

a. **Capacidade de contemplação — que visa à qualidade**

Para perceber as qualidades de um objeto é necessário contemplá-lo. Contemplar um objeto é tornar-se disponível a ele quando ele apresenta aos nossos sentidos (SANTAELLA, 2002), investigando-o, deixando-o mostrar-se, nesse momento não cabe interpretações imediatas. De acordo com Perez (2004), tal capacidade é desenvolvida por meio da experiência, da reiterada exposição dos sentidos aos diversos signos do mundo. Sob esse ponto de vista, uma marca tem apreendidas suas cores, substâncias, linhas, formas, dimensão, tamanho, textura, luminosidade, design etc. São os aspectos responsáveis pela primeira impressão que um produto expõe ao receptor. Essas qualidades visíveis, concretas, sugerem também qualidades abstratas, tais como: leveza, sofisticação, modernidade, força, pureza, robustez, elegância, etc. Quando analisadas detidamente as qualidades que constitui uma marca, podem-se determinar as qualidades abstratas que as qualidades visíveis sugerem e também podem prever, até certo ponto, as associações por semelhança que essas qualidades estão aptas a produzir. O que apela para a sensibilidade são qualidades, por isso que dê primeira, o sentimento e os sentidos são os mais importantes, os efeitos ou interpretantes que essa capacidade pode suscitar são de ordem da emoção. Assim, a princípio o ideal é desenvolver e exercitar o olhar contemplativo, para considerar a pura possibilidade qualitativa do signo. Ter porosidade para suas qualidades, sem pressa das interpretações, expor com paciência os sentidos às qualidades dos fenômenos, buscando suas qualidades.

b. **Capacidade da distinção, observação — que visa às singularidades**

A capacidade de distinção refere-se à habilidade de compreender e discriminar diferenças naquilo que está sendo observado. Em outras palavras, trata-se da aptidão para discernir, separar características que tornam aquele signo singular. Para Santaella (2002), a capacidade de distinguir procura responder as seguintes questões: a que o signo se refere? A que ele se aplica? O que ele denota? O que ele representa? Nesse nível, a marca é apreendida como algo que existe em um contexto com espaço e tempo determinados. Assim, as qualidades de que esse existente se compõe — cores, forma, tamanho, matéria – passam a ser vistas em função da sua manipulação, uso ou consumo. Em um primeiro momento a marca é analisada na sua relação com o contexto a que pertence. São examinadas as origens, o ambiente de uso da marca e que informações existem sobre os usuários ou consumidores a quem ela se destina. Em um segundo momento, a marca é avaliada de acordo com as funções que desempenha e as finalidades a que se presta Perez (2004). São energéticos os interpretantes provocados nesse nível de apreensão: ação/reação, constatação, reconhecimento, requer que se observe o modo particular as características existenciais únicas.

c. **Capacidade da generalização — extrair o geral do particular com relação ao signo**

A terceira capacidade está ligada no aprendizado das observações feitas sobre o signo e generalizá-las em categorias globalizantes. Segundo Perez (2004), o signo analisado passa a pertencer a uma classe de coisas, e então se percebe a fluência das convenções, padrões e códigos. Com relação ao ponto de vista convencional-simbólico, a análise da marca não é feita na sua singularidade, mas como um tipo de marca. A análise que aqui se estabelece é na relação do legissigno com o objeto (símbolo). Primeiramente, é observada a coerência entre as expressividades da marca e as expectativas culturais de quem a marca procura atender. Em segundo lugar, examina-se o poder representativo da marca — o que ela representa, que valores lhe foram agregados, o status cultural da marca, entre outros aspectos. E em terceiro lugar, analisa-se o tipo de usuário ou consumidor que a marca visa atender e os significados e valores que a marca tem para esse consumidor. De certa forma, aqui se extrai o geral do particular, ou seja, pinçar dos signos aquilo que ele tem em comum com todos os outros signos com que forma uma classe geral.

De acordo com Santaella; Nöth (2005), não há receitas prontas na análise semiótica, mas apenas uma lógica para sua possível aplicação. Ao analisar semioticamente, é necessário colocar-se na posição de interpretante dinâmico, de uma interpretação singular, que é sempre incompleta e falível. Olhar para o objeto imediato — representação em si, as cores, a materialidade e o tamanho do objeto representado — no início da análise do objeto do signo, diz respeito à maneira como o objeto dinâmico — objeto que o anúncio ou signo está, no lugar — se apresenta, funciona como um indicador do recorte que o leitor faz no contexto (objeto dinâmico) que determina o signo (SANTAELLA, 2002).

A análise semiótica não trabalha diretamente com receptores ou consumidores, como é feito na pesquisa de mercado, assim pode-se no máximo dizer que algo (uma cor ou uma tipografia por exemplo) tem o potencial de transmitir, mas não se pode afirmar que de fato transmite (PEREZ, 2004). A análise semiótica deve ser encarada como uma técnica que oferece um mapa lógico para o reconhecimento, discriminação e entendimento do universo dos signos, sem a pretensão de determinar alguma ação final, como é o pensamento do próprio Peirce sobre semiose: tudo está em processo, não há um ponto final.

Ao considerar os exercícios das capacidades descritos acima, na análise a seguir dos logotipos, o ideal é exercer o olhar de ver/contemplar; discriminar/observar; generalizar/interpretar, para assim poder elencar os sentidos latentes nas marcas da TV TEM.

Os logotipos dispostos nos quadros 1, 2 e 3 estão agrupados pela similaridade para um olhar analítico individual, no final serão reunidos para uma interpretação que os generalize.

Quadro 1 – 2003 a 2013: Multicores de uma TV TEM "nascente"

Fonte: DIAS (2018)

Quadro 2 – 2015 a 2018: a TV TEM "juvenil" monocromática

Fonte: DIAS (2018)

Quadro 3 – 2020: na "maturidade", o prenúncio das cores

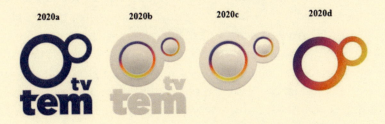

Fonte: adaptado pela autora

4.2 Aspectos qualitativos dos logotipos da TV TEM e seus possíveis efeitos

No exercício para a apreensão de qualissignos, o leitor/analista deve se despir das ideias que estão prontas na mente. Drigo e Souza (2013) nos lembram de que é preciso adiar o reconhecimento das coisas; devemos tentar olhar para o objeto como se fosse pela primeira vez e deixar que os sentidos passeiem por ele.

O Quadro 1 traz o "nascimento" da marca TV TEM em 2003, até a comemoração dos seus dez anos em 2013. A partir daqui veremos as alterações ocorridas no tempo e quais significados se mantêm ou se alteram nesse processo de "crescimento".

Um círculo de maior dimensão, de contorno abaulado em tons de azul, centralizado no espaço-formato, abriga dois outros círculos também azuis de diferentes tamanhos: o maior, ocupa o centro e justaposto a ele, quase no canto superior direito, um círculo menor. Dentro de ambos, são replicadas formas semelhantes a lâminas.

A cor, segundo Farina, Perez e Bastos (2000), suscita os seguintes efeitos: impressionar, expressar e construir. É vista quando impressiona a retina; sentida quando provoca emoção e construtiva, quando tem um significado próprio e valor de símbolo, podendo, assim, constituir-se como linguagem e comunicar ideias.

A cor é o mais emocional dos elementos específicos do processo visual, pois tem grande força e pode ser usada para expressar e intensificar a informação visual. Além do significado cromático facilmente modificável da cor, cada um de nós tem suas preferências pessoais por cores específicas. Escolhemos uma cor porque possui um determinado significado e não outro. Assim, a interpretação da cor de um objeto visual vai-nos ser dada não só pelo contexto em que está inserida, mas também pela significação que determinada coloração possui para nós, acionando o interpretante emocional e prevalecendo o aspecto icônico.

O grande círculo é de um azul vibrante que varia em matizes, conforme a incidência da luz. Ainda segundo Farina, Perez e Bastos (2000), o azul é a mais profunda das cores, nele o olhar mergulha sem encontrar obstáculos. É a mais fria das cores em seu valor absoluto. Aplicada a um objeto, o azul suaviza as formas abrindo-as e desfazendo-as. Imaterial, o azul suaviza tudo aquilo que dele se impregna. É o caminho do infinito, em que o real se transforma em imaginário. O azul dos oceanos sugere liberdade e desperta a imaginação, é passivo e suave. O movimento, outro fator preponderante na composição visual, é intensificado pela luz que incide sobre o grande círculo.

Segundo Dondis (1991), o elemento básico da comunicação visual representado pelo movimento está mais frequentemente implícito do que explícito no modo visual. Enquanto a ilusão de textura parece real devido ao uso de uma intensa ostentação de detalhes, a ilusão de movimento acontece graças ao uso da perspectiva, luz e sombra intensificadas, tudo isso ligado aos qualissignos.

Observando as variantes principais dos logos entre 2013 (Quadro 1); 2015 (Quadro 2) e 2020 (Quadro 3), nota-se que o movimento das formas como componente visual é circular, o movimento é uma das forças visuais mais dominantes da experiência humana, essas técnicas podem enganar os olhos, usando texturas, dimensão, perspectivas, luz, sombra, e aproximando-se da realidade pela intensa manifestação de detalhes.

Os círculos internos têm como fundo três cores que ocupam as três dimensões do grande círculo: o azul cobre uma pequena faixa da parte superior; o verde, cobre a grande parte central; o vermelho, a parte inferior. O encontro de uma cor com a outra apresenta "bordas" menos sólidas, parecem se dissolver... O azul desemboca no verde. Situado entre o azul e o amarelo, o verde é o resultado de suas interferências cromáticas. É mediador entre o calor e o frio, o alto e o baixo, equidistante do azul-celeste e do vermelho infernal, é uma cor tranquilizadora, humana, é o despertar da vida. Verde é a cor da água, como o vermelho é a cor de fogo, e é por essa razão que a relação entre essas duas cores são análogas.

O que essas qualidades podem provocar numa mente interpretadora? Um intérprete pode se alegrar com a profusão de cores, encantar-se com a leveza das formas e seu bailado em círculos, pode se admirar com a monumentalidade impressa na solidez das estruturas verticais/horizontais que contrastam com as formas sinuosas, pode se envolver, enfim, com o convite à contemplação. Nessa fase do processo interpretativo, peirceanamente falando, nossa mente faz associações, quer de semelhança, quer de contiguidade.

As relações de semelhança do signo em relação ao objeto caracterizam o ícone. As semelhanças com o objeto se dão a partir das qualidades que impregnam a materialidade do signo em questão: formas, movimento, posição, dimensão, cores.

77

No caso, podemos levantar hipóteses. O logo da TV TEM (Figura 7), análogo a uma esfera, insinua um globo. Sugere ainda a objetiva, mais popularmente, a lente de uma câmera (Figura 8): os elementos circulares e esféricos remetem ao sistema de abertura e reação física da luz sobre o vidro da lente, como o reflexo. Trata-se de lentes que servem para focalizar a cena, além de ser responsável pela qualidade da imagem e pela angulação. A objetiva abre e fecha como um olho. Outra sugestão que esse signo icônico possibilita.

Figura 7 – Logo TV TEM Horizontal

Fonte: DIAS (2018)

Figura 8 – Lente frontal de uma câmera

Fonte: PNGWING. Disponível em: https://www.pngwing.com/pt/free-png-s-jobw. Acesso em: 1 ago. 23

O círculo, segundo Chevalier e Gheerbrant (2008), é um ponto estendido, participa da perfeição do ponto, tem a ausência de distinção ou divisão. O movimento circular é perfeito, imutável, sem começo, nem fim, o que o habilita a simbolizar o tempo em processo, a mudança de ordem ou de nível. Além disso, simboliza proteção, segurança e acolhimento. A esfera é um círculo na ordem dos volumes, responsável pelo relevo, pela ideia de terceira dimensão. A construção da esfera reporta o intérprete ao que é feito à mão, logo, a uma ambiência afetuosa, calorosa. O azul dos oceanos na esfera sugere liberdade e desperta a imaginação. É nessa ambiência que a sensualidade também se manifesta em equilíbrio, conforme Chevalier e Gheerbrant (2008).

As palavras TV e TEM foram criadas por meio de uma técnica conhecida como *lettering*. O ícone apresentado com lettering traz como proposta a estrutura de uma vista frontal da lente de uma câmera. Os elementos circulares e esféricos remetem à conotação do sistema de abertura e reação física da luz sobre o vidro da lente, como o reflexo, no primeiro logo da TV TEM, encontramos o *lettering* (Figura 9), signo verbal que divide o espaço com a forma visual, ocupando a base da composição. *Lettering* é, ainda, a técnica conhecida como a arte de desenhar letras.

Figura 9 – *Lettering* inaugural

Fonte: DIAS (2018)

Em tipos maiúsculos negritados constituídos de tons de azul, como os da grande esfera, o *lettering* se apresenta em dois blocos: o superior em dimensão bem maior, traz o nome ou a assinatura da emissora; e o inferior, em maiúsculas de menor dimensão, traz sua descrição ou "certidão". Todo o *lettering* superior é verticalizado, chama atenção a abreviatura TV a qual ganha design estilizado, apresentando parte da letra T sendo gestada no V. Com relação à sonoridade, o nome "TEM" (abreviatura de *Traffic Entertainment and Marketing*) é de fácil pronúncia, além do sentido rigoroso do possuir, do abarcar ou abraçar.

Figura 10 – Estudo do logo

Fonte: *Brand* manual cedido à autora, pelo departamento de artes

Nos logos de 2003 e 2006 (Figuras 11 e 12), há uma simetria entre a forma visual e o *lettering* na ocupação do espaço reforça o equilíbrio.

Figura 11 – Logo 2003

Fonte: DIAS (2018)

Figura 12 – Logo 2006

Fonte: DIAS (2018)

Os cinco anos da TV TEM (Figura 13) ganham registro no *lettering* do logo comemorativo e a esfera azul parece mais iluminada.

Figura 13 – 2008: cinco anos

Fonte: DIAS (2018)

Nas figuras seguintes ainda relativas ao período de 2013 (Figura14), aumenta a parte iluminada, para corresponder às texturas metálicas de 2008 da Rede Globo, o branco invade o azul forte tanto na esfera, nos círculos que correspondem à lente ou à objetiva, tornando-os prateados e sólidos, quanto no *lettering*.

A partir da descrição dos aspectos qualitativos do símbolo original ou inaugural (Figura 7), percebe-se que poucas alterações são feitas nos primeiros dez anos (Figura 14).

Figura 14 – Logo 2013

Fonte: DIAS (2018)

A inserção do número 10 (Figura 15) no logo comemorativo é a novidade que encerra a mostra do Quadro 1. O que essas alterações podem significar? Pensamos que, ainda que "juvenil", a imagem da emissora vai ganhando brilho, vai se solidificando.

Figura 15 – 2013: dez anos

Fonte: DIAS (2018)

Os logos do Quadro 2 trazem como novidade o monocromático, apenas o azul como contorno dos círculos agora chapados e vazados. A logomarca passou a ser utilizada em 2D (duas dimensões) como nova tendência da época, transmitindo mais leveza e fluidez da comunicação. O *lettering*, por sua vez, mantém o mesmo tipo dos anos anteriores, dando lugar ao número 15 (Figura 16) — representando os 15 anos da emissora.

Figura 16 – 2015: 15 anos

Fonte: DIAS (2018)

A abreviatura tv se desloca do nome próprio da emissora que, por sua vez, ganha em dimensão e, portanto, de importância. Talvez para compensar a ausência da grande esfera que envolvia os círculos menores, mantendo, assim, o papel da "progenitora", agora em outra parte da composição. Nesse caso, o *lettering* mais que verbal torna-se visual. Dessa forma, no Quadro 3 os símbolos da marca TV TEM imprimem um trajetória em busca do "amadurecimento", eles já são capazes de preterir ora uma parte constituinte da forma (a esfera), ora a própria assinatura, para depois retomá-la num outro design. Ensaios de independência... coisas de adolescentes.

De forma objetiva, *rebranding* é o processo estratégico de mudar o posicionamento de uma marca. Nesse momento, se redefinem conceito, foco, linguagem, nome, logotipo, identidade visual, entre outros elementos da identidade de uma empresa. Um dos principais motivos para esse reposicionamento é se destacar no mercado, diferenciando-se dos concorrentes. Em outras palavras, com a estratégia de *rebranding*, a marca demonstra para os seus clientes e *propects* um diferencial na comparação com a concorrência.

Em dezembro de 2019, a TV TEM atualizou mais uma vez sua logomarca. Dessa vez, as partes metálicas foram substituídas por texturas brancas. Além disso, o gradiente agora está mais estreito e mudou suas cores para (no sentido horário) amarelo, vermelho, roxo e azul. Essas alterações vão de encontro com o estilo do logotipo da Rede Globo usado desde 2015.

O Quadro 3 apresenta os novos logotipos, com uma alteração mais significativa: ela se desprende da esfera, que são referentes à última transformação ocorrida em dezembro de 2019, oficializando as campanhas de lançamento em 2020. O símbolo que são dois círculos conectados, mais a tipografia com fonte bastão, representa a figura de memória e personalidade da empresa.

O *lettering* vem com uma roupagem em caixa baixa e com os cantos mais arredondados, mais orgânico (Figura 17). O uso de letras em caixa baixa representa a proximidade com o público, a tipografia é um dos elementos mais importantes para a comunicação de uma marca, ela determina o tom de voz, dá credibilidade e consistência visual do posicionamento da empresa, conforme Dondis (1991).

Figura 17 – *Lettering* 2020

Fonte: DIAS (2018)

Já no logotipo seguinte (Figura 18), o *lettering* já não precisa ser acoplado ao logotipo, pois já existe uma associação da imagem com as letras. Os logotipos do Quadro 3 são todos relacionados à mesma transformação da marca, só que cada um foi criado para ser inserido na comunicação, dependendo da matriz em que foi ou será aplicada, como no vídeo, versão vinheta, marca d'água e adotada também em todos os ambientes da TV, crachás, fachadas, material de papelaria, carros e uniformes, entre outras aplicações.

Figura 18 – 2020

Fonte: DIAS (2018)

A forma ganha nova textura (Figura 18). Ela se apresenta branca, leitosa e sólida, com traços limpos, perdendo os tradicionais aros somente azuis para dar espaço às mesmas duas esferas justapostas que surgiram na primeira marca. Segundo Dondis (1991), a textura das marcas é outro relevante elemento visual que clama por outro sentido, o tato. Na verdade, podemos reconhecer a textura tanto através do tato quanto da visão, ou ainda mediante uma combinação de ambos. É possível que uma textura não apresente qualidades táteis, mas apenas óticas, cujo aspecto se assemelha a uma porcelana, delicada, sensível e em movimento.

Referente à volta das cores azul, amarelo, vermelho que contornam as formas análogas às lentes, há três dimensões que podem ser definidas e medidas: matiz ou croma, é a cor em si e quando estas cores são associadas através de misturas é possível a obtenção de novos significados. O vermelho, um matiz provocador, é abrandado ao misturar-se com o azul, e intensificado ao misturar-se com o amarelo. As mesmas mudanças de efeito são obtidas com o amarelo, que se suaviza ao se misturar com o azul, conforme Dondis (1991).

A simbologia dessas cores, além do azul já descrito, é trazida por Chevalier e Gheerbrant (2008). O vermelho é o símbolo do princípio de vida, com sua força, seu poder e seu brilho, incita a ação, com uma força imensa e irredutível é ativo e emocional; o amarelo é a mais quente, mais expansiva e mais ardente das cores, é a cor do que é perene; a cor violeta, que provém da mistura do vermelho e azul, pode ser associada a respeito, sensatez e sabedoria. Assim como o laranja, o violeta também é uma cor capaz de estimular a imaginação e a criatividade, além disso, essa cor é capaz de transmitir a sensação de mistério e questões abstratas. O branco, por fim, pode situar-se nas duas extremidades: quando absoluto, com variações do fosco ao brilhante — ele significa ora ausência, ora soma das cores. É uma cor iniciadora, com acepção diurna, a cor da revelação, da graça, da transfiguração que deslumbra e desperta o entendimento, é a cor da luz.

O retorno das cores, a ausência do *lettering* no último logo (Figura 19), reitera a imagem da maturidade que a emissora vai construindo com a passagem dos anos.

Figura 19 – 2020: cores

Fonte: DIAS (2018)

4.3 Aspectos referenciais doLs logotipos da TV TEM e seus possíveis efeitos

Saindo da seara dos qualissignos e entrando na esfera dos sinsignos, o segundo fundamento do signo, é exercitar nossa capacidade de distinguir, discriminar. Conforme Peirce (2015, p. 158):

> Um sinsigno (onde a sílaba *sin* significa *uma única vez*, como em singular, simples, no Latim *semel*, etc.) é um existente real, coisa ou evento que é um signo. Só o pode ser através de suas qualidades; de modo que envolve um qualissigno, ou melhor, vários qualissignos. Mas, estes qualissignos são de um tipo peculiar em um signo quando estão efetivamente incorporados.

O sinsigno coloca o intérprete no território dos existentes, e os efeitos provocados estão no âmbito da constatação, da identificação. Ao observar os logotipos da TV TEM apresentados nos quadros anteriores, a imagem é analisada como existente em determinado contexto. Este olhar conecta o signo a existentes e amplia as possibilidades de associações, agora mais direcionadas ao objeto do signo. De um lado, o produto é analisado na sua relação com o contexto a que pertence; de outro, é analisado de acordo com as funções que desempenha, as finalidades a que se presta. O logotipo prevalecerá como sinsigno indicial dicente se as letras associarem a emissora local TV TEM como Rede Globo de televisão. Considerando ser a TV TEM uma afiliada da TV Globo, existe uma conexão direta com a matriz, associando-as diretamente como (mãe) e (filha). O próximo quadro (Quadro 4) traz lado a lado essa relação.

Quadro 4 – Matriz e afiliada

Imagem TV Globo	Imagem TV TEM
2002-2004	2002-2004
2008-2014	2002-2004
2008-2014	2013
2015-2020	2020 Conexão tridimensional
2020 Flat design	2020 Conexão vetor em degradê

Fonte: elaboração própria

O logo da Rede Globo de Televisão foi criado em 1975 pelo designer austríaco Hans Donner. O processo de criação descrito pelo próprio autor teve sua origem num guardanapo.

> Não é folclore. Eu só desenhava esferas, porque acho bonito, porque a forma redonda tem luz. Ainda mais quando estamos dentro do avião, longe do chão e vemos o mundo do alto, a coisa fica mais simples.

> A marca nada mais é que o mundo dentro da tela, que é recortada do mundo. O mundo é belo, tem volume. E isso sempre me provocou. Foi um feliz encontro entre um designer com esse perfil e uma empresa que se chama Globo. (ALMEIDA, 2015, s/p).

Até que a tecnologia 3D, vinda com a computação gráfica, chegasse, Hans Donner teve que fazer simulações do volume da marca, usando metal e acrílico. Essa criação tornou-se a base para todos os logos que o sucederam.

O primeiro logotipo da TV TEM em 2003 (Figura 11), lançado oficialmente no jornal TEM Notícias 1ª Edição no dia 6 de maio de 2003. A TV TEM trouxe um novo conceito de televisão regional, instalada no interior do estado de São Paulo, uniu as afiliadas da Rede Globo com sedes em Sorocaba, Itapetininga, Bauru e São José do Rio Preto.

Durante os dez anos desde sua criação em 2003, o logo passou por pequenas mudanças, em 2013 a marca foi reestruturada. Segundo o designer responsável, Clayton Esteves, em entrevista ao G1:

> Houve a suavização de cores no centro da imagem. O elemento ficou mais leve e mais limpo visualmente. O *lettering* também foi reestruturado, com os cantos arredondados, as letras ficaram mais orgânicas, a paleta de cor também foi aproximada do ícone gráfico. (DIAS, 2018, s/p).

A partir de 2015, a marca TV TEM passou a ser utilizada em 2D (Figura 16) como "nova tendência", cada vez mais tecnológica, com o ícone em 2D a televisão transmitia mais leveza, praticidade e fluidez na comunicação.

As mudanças no logo influenciaram a evolução do pacote gráfico de vinhetas e elementos utilizados nos telejornais. A alteração mais significativa ocorreu em 2017, cinco anos após a aplicação em 2012 do conceito antigo, com o uso de novas tecnologias para captação e exibição, o vídeo ganhou mais lateralidade, o pacote gráfico trouxe elementos que aproveitam melhor o espaço do vídeo 16:9 com o sinal digital.

Seguindo no processo de transformação da marca, acompanhando as tendências de evolução e mantendo o vínculo com o logo da matriz, a TV TEM lança nova marca em 2019 (Figura 18). Segundo o departamento de arte da TV TEM, essa nova marca traduz o conceito de estar ligado e conectado.

O elo nos círculos da TV TEM é capaz de representar o constante estado evolutivo em um mesmo indivíduo, processo ou ciclo. "Nossa marca não é finita, mas constantemente evolutiva. Tão necessário quanto importante, a TV TEM busca e incentiva as pessoas a buscarem sua melhor versão, do seu jeito" (BRAND BOOK, 2019, p. 4).

"Essa marca vai nos conectar ainda mais com o nosso público. Ela é mais suave, acessível e próxima", complementa Francine Romagnoli, diretora de programação e responsável pelo time que desenvolveu o projeto (LUIZ, 2019, s/p).

Ainda segundo o departamento de artes, a ideia é evidenciar mais a gama de cores primárias, como o vermelho, verde e azul. O branco amplifica o conceito de que a TV TEM está em sintonia com todos os públicos. O branco é a junção de todas as cores e reforça o posicionamento da emissora em integrar e interagir com todos os públicos. Além disso, é a cor que reflete todos os raios luminosos, não absorvendo nenhum e por isso aparece com clareza máxima trazendo leveza ao movimento da marca. Vejamos a seguir os aspectos simbólicos e os possíveis efeitos.

4.4 Aspectos simbólicos ou de lei e seus possíveis efeitos

Após análises dos aspectos qualitativos que impregnam a imagem e o *lettering*, tais como cores, formas, movimento, existe harmonia entre esses aspectos; e análises dos aspectos referenciais que reportam o intérprete a existentes, observou-se pistas que remetem os logotipos para além da imagem, para outros aspectos do seu entorno, aos aspectos de lei, ou regras e normas compartilhadas culturalmente, engendrados tanto nos elementos qualitativos como nos referenciais, chegou o momento da análise dos legissignos.

Toda transformação ocorrida nos logotipos da TV TEM, ao longo dos seus 20 anos, comemorado em símbolos, seja no volume, na textura, no traço, na cor, na dimensão, entre outras, se dá a partir da mesma estrutura formal: a justaposição de dois círculos, o maior que poderá ser representado pela célula mãe (Rede Globo) e um menor, que poderá ser representado por sua afiliada, a TV TEM. De qualquer maneira, a ideia de matriz/mãe (mantenedora, protetora, geradora...) e afiliada que, além do significado dicionarizado de membro, parte de uma associação, apresenta também o sentido familiar de adotada, agregada. Acrescenta-se a este último a sonoridade de a+filho+ada (etimologicamente), que, por sua vez, intensifica o sentido de família: apadrinhada ou sob a proteção de alguém. Pensando nessa conexão, tomamos de empréstimo da Biologia o conceito de mitose.

Mitose, segundo explicação da professora Lana Magalhães (MITOSE..., 2021) é um tipo de divisão celular que ocorre na maioria das células do corpo humano. Nesse processo, uma célula dá origem a duas outras células-filhas. Tudo começa a partir de uma célula primeira (matriz), a partir da qual são formadas duas células idênticas e com o mesmo número de cromossomos (corpúsculos compactos que carregam a informação genética). Isso ocorre porque, antes da divisão celular, o material genético da célula (nos cromossomos) é duplicado.

Trata-se de uma ação importante no crescimento dos organismos multicelulares e nos processos de regeneração dos tecidos do corpo, pois ocorrem nas células somáticas. Apesar de ser contínua, a mitose apresenta cinco fases distintas: prófase, prometáfase, metáfase, anáfase e telófase. Cada uma dessas etapas está representada nas imagens da (Figura 20) a seguir:

Figura 20 – Etapas da mitose

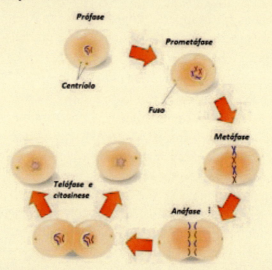

Fonte: SANTOS ([201-])

O desenvolvimento das marcas simbólicas da afiliada da Rede Globo se deu de modo similar à mitose e suas divisões, nesse processo, cada mudança — as três mudanças significativas apresentadas nos quadros 1, 2 e 3 — corresponde às fases/etapas ocorridas na mitose.

É possível ainda relacionar as representações visuais desse processo biológico (Figura 20) aos logotipos da TV TEM (Figura 21), gerados da célula-mãe, Rede Globo. A continuidade do processo também se estabelece na (re)criação dos logotipos, crescimento caracterizado na nossa leitura como o de um ser vivo, ou seja, a célula mãe dando luz ao filho.

Figura 21 – Os aspectos simbólicos dos logotipos da TV TEM

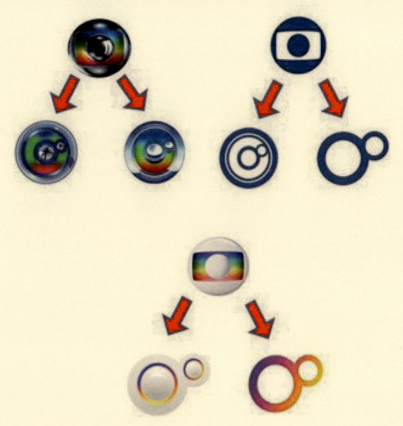

Fonte: elaboração própria

Os primeiros logos de 2003 a 2013 são "nascentes"; correspondem, portanto, à fase inicial da vida. Bem colados à célula-mãe, tentam se estabelecer ou criar laços, vínculos com o entorno, mas sem se desprender da matriz.

Os próximos logos de 2015 a 2018 se associam à "adolescência". Uma tentativa de se desprender da proteção da mãe, se verifica na brincadeira de se soltar do *lettering*; contudo, o arredondado característico da célula-mãe novamente se materializa, sugerindo a ilusão do voo solo.

O último logo, lançado em dezembro de 2019 e que em 2023, delineou seus 20 anos de existência como uma emissora regional, corresponde à "maturidade", que possibilita mais segurança para promover mudanças, para se desvencilhar da assinatura, mas, ainda assim, os logotipos trazem impregnada a matriz, transferindo singularidade e tecnologia em sua presença gráfica, que tem como significado uma marca conectada, evoluindo a cada novo ciclo e assim se renovando e se conectando com as pessoas. A nova marca revela uma emissora com 20 anos de idade, atenta ao mundo à sua volta, em rápida transformação, com o avanço da tecnologia e seu impacto na vida social, cultural e econômica. A emissora tem apostado na criatividade, na diversificação de gêneros, formatos e linguagens, no entretenimento dos programas locais, no jornalismo e, consequentemente, a marca faz parte dessa evolução.

Em 2019, ao apresentar em primeira mão, a nova marca aos funcionários da emissora, alguns dirigentes que tiveram participações ativas na construção da marca, em entrevista a Luiz (2019, s/p) afirmaram que "A inclusão, a tolerância, o respeito ao próximo e as diferenças são valores da TV TEM. E nós não somos expectadores do nosso tempo, somos ativos, o maior veículo de comunicação da nossa região", disse Renata Afonso - CEO da TV TEM no período de 2007 a 2021; Francine Romagnoli — diretora de programação e responsável pelo time que desenvolveu o projeto, reitera que "Essa marca vai nos conectar ainda mais com nosso público. Ela é suave, acessível e próxima" (LUIZ, 2019, s/p) e Everton Marques, coordenador de arte e um dos responsáveis pela criação da nova marca explicou que "Nós queríamos reformular a marca, e esse era o momento para mudar, mostrar para as pessoas que somos televisão, internet, multiplataforma e que queremos conversar com todos" (LUIZ, 2019, s/p), para Marques, o branco que prevalece na nova versão é síntese da pluralidade:

> O branco é a soma de todas as cores e a que melhor representa uma emissora de televisão que busca o tempo todo mostrar a região e a sua diversidade. É um desafio enorme traduzir isto em desenho, mas o que a gente quer mostrar é uma marca que está presente na vida das pessoas. O projeto gráfico ilustra

os valores da empresa compostos por brasilidade, proximidade, diversidade, senso de comunidade, liberdade e criatividade. (BRAND BOOK, 2019, p. 5).

Ao pensar nos círculos e nas cores, trago a leitura feita por profissionais da TV sobre a representação do logotipo da TV TEM: o ser humano, com a evolução da tecnologia, vê o mundo e tudo o que o cerca diante da tela, inclusive a si mesmo, por fazer parte da esfera global. As cores que compõem o degradê se integram e se incorporam, assumem papéis simbólicos, representam mais do que cores, elas simbolizam a diversidade como conteúdo. Esse foi o tema de uma campanha que buscou agregar pessoas das mais diversas condições físicas, sociais, de gênero e outros.

Com sua presença e movimento circular, o logo inspira, vira fonte de luz, para com intensidade máxima, iluminar rostos, objetos, ideias, lugares, do ar para as múltiplas telas, para a vida. O infinito degradê representa valores, propósitos, as cores falam, respeitam, acolhem e respondem à diversidade das pessoas. A mensagem da campanha de 2018 mostra a importância de respeitar tudo e todos. "Todo mundo cabe aqui" ('TODO MUNDO CABE AQUI'..., 2018).

A simbologia do círculo é vital para reiterar esse entendimento. Chevalier e Gheerbrant (2008, p. 254) nos lembram que "em sua qualidade de forma envolvente, qual circuito fechado, o círculo é um símbolo de proteção, de uma proteção assegurada dentro de seus limites". As forças direcionais que imprimem a circularidade são de grande importância para a intenção compositiva voltada para um efeito e um significado definidos e, aqui, a ideia de proteção, calidez, repetição reforça a relação "maternal" que se tentou estabelecer nessa interpretação. Mãe que envolve, que se apropria, que "TEM".

Por fim, retomo o conceito de semiose para "encerrar" esta análise, o esforço de buscar nos signos, em análises, significados que justificassem essa empreita, fez-se exercitar a construção de uma cadeia em que um signo sugere outro signo que, por sua vez, aponta para outro... e outros, que são interpretados em outro(s) e vão crescendo e se fazendo mais encorpados a cada novo movimento... até que pressinto que é hora de parar, mas certa de que ainda há muito a ser tecido.

# 5

OLHAR FINAL

É importante ressaltar que os temas abordados tendem para a criação, a composição e a estruturação de elementos formativos de uma imagem que transmita uma mensagem, informação importante para os leitores que trilham os caminhos da marca como sistema sígnico na esteira do pensamento peirceano.

O conhecimento aqui compartilhado não tem pretensão de ser uma resposta definitiva em termos de análises semióticas de marcas. Contudo, torna-se uma contribuição relevante para os que se interessam pela área, fazendo-os capazes de analisar os movimentos da marca, em termos de seu potencial qualitativo, referencial, significativo e permite destacar o potencial da marca como fenômeno de linguagem.

O fundamento para o conceito de cultura mundo que contextualizou o objeto foi definido na busca por conhecimento por meio dos estudiosos citados. As imagens dos logotipos da TV TEM foram analisadas a partir de estratégias advindas da semiótica ou lógica peirceana e foram vistas sobre a abordagem da marca entendida como signo ou linguagem.

Em uma sociedade permeada pela comunicação, conhecer como ocorre esse processo, a forma como é transmitida uma mensagem e os possíveis efeitos que ela pode provocar na mente de um intérprete é imprescindível. O encontro com a semiótica peirceana no desenvolvimento deste livro fez compreender sua importância ao nos guiar no processo interpretativo, sobretudo da imagem, em busca de desvelar seu potencial de produção de significados. A partir daí é possível compreender o papel da imagem na construção do conhecimento.

Nesse contexto, a semiótica permitiu verificar os valores agregados à identidade visual de uma empresa que se preocupa em ser reconhecida pelo seu posicionamento de marca no mercado, levando em conta as tendências, as inovações tecnológicas, em contínuo processo de renovação. Isso intensificou a necessidade de ter o contato com a semiótica, profissionais que lidam com a produção de marcas, de modo geral.

Por meio do percurso histórico da Rede Globo, é possível observar que a emissora apresenta uma evolução planejada, guiada por diagnósticos do mercado, diretriz básica que norteia a trajetória de expansão da empresa e que contribuiu para forjar um determinado conceito de comunicação regional em todo território nacional. O espaço publicitário e a participação ativa das empresas regionais em suas respectivas áreas de cobertura fazem a emissora prosperar. A orientação é estar presente no dia a dia das cidades que fazem parte da área de cobertura, principalmente por meio dos telejornais produzidos em nível local. Pode-se dizer que a TV TEM segue as diretrizes estabelecidas pela rede e procura em suas produções criar um vínculo na vida dos cidadãos através dos seus discursos. A abordagem na programação, dos problemas de interesse da população regional, o desenvolvimento de campanhas institucionais e ações comunitárias contribuem para criar essa ligação direta da sua marca com o público.

Segundo Perez (2004), a marca é um signo, que representa um objeto — uma empresa, um produto, uma ideia — para alguém, um consumidor real ou potencial e todos os possíveis intérpretes deste signo. Pela observação e análise das marcas da TV TEM, afiliada da TV Globo, foi possível destacar que existe uma conexão direta com a matriz, associando-as diretamente como (mãe) e (filha), pois, toda transformação ocorrida ao longo de 17 anos nos logotipos, seja na forma, no volume, na textura, no traço, na cor, na dimensão, entre outras, se dá a partir da mesma estrutura formal: a justaposição de dois círculos, o maior que poderá ser representado pela célula mãe (Rede Globo) e um menor, que poderá ser representado por sua afiliada, a TV TEM. A regionalização, desse modo, ainda que procure atender o entorno, como campanhas que abordem a diversidade, adotando o colorido do logo como símbolo, além de uma programação diferenciada, contemplando cidades, personagens da região, mantém os vínculos com a matriz.

O inventário de efeitos possíveis de serem desencadeados nas mentes dos telespectadores/intérpretes são da ordem tanto emocional, causada pelos qualissignos presentes nos logotipos; da ordem energética, provocada pelos sinsignos existentes que conectam marca ao objeto, quanto da ordem interpretativa, protagonizada pelos legissignos que propiciam reflexões. Estas últimas — aliadas à emoção e à constatação — fazem com que o conhecimento da marca avance e crie laços e lastro.

Por fim, chego ao final desta trajetória, ressalto que esta publicação tende a contribuir para a área de comunicação, quando se considera a possibilidade de construir novos olhares para os processos de produção de significados dos símbolos de uma marca, para contribuir na construção de uma identidade, pois o objeto que uma marca tenta representar não é apenas um produto ou serviço, mas sim toda uma relação de valor e mediação entre a produção e o consumo, cabe ao profissional da comunicação, durante seu processo de criação, objetivar soluções que aliem beleza e funcionalidade, sempre tendo em mente que forma e conteúdo devem estar equilibrados, conforme as respectivas possibilidades compositivas.

REFERÊNCIAS

ALMEIDA, G. de. Graças a desenho em guardanapo, Hans Donner completa 40 anos de Globo. **UOL tv e famosos**, Rio de Janeiro, 26 abr. 2015. Disponível em: https://televisao.uol.com.br/noticias/redacao/2015/04/26/gracas-a-desenho-em-guardanapo-hans-donner-completa-40-anos-de-globo.htm. Acesso em: 5 jan. 2023.

ATLAS de cobertura Rede Globo, arquivo mkt. Sorocaba: TV TEM 2020.

BACHA, M. L. Semiótica aplicada ao marketing: a marca como signo. *In:* ENCONTRO DA ANPAD, 29, 2005, Brasília. **Anais** [...]. Brasília: Anpad, 2005.

BARBOSA, A. F. **O mundo globalizado**: política, sociedade e economia. São Paulo: Contexto, 2001.

BARTHES, R. **Elementos de semiologia**. São Paulo: Cultrix, 1987.

BOLETIM INFORMATIVO TV TEM: entrevista com J. Hawilla, Sorocaba, v. 4, n. 9, p. 2, 2008.

BOLETIM INFORMATIVO TV TEM: entrevista com Renata Afonso, Sorocaba, v. 4, n. 9, p. 3, 2008.

BRAND BOOK: manual de marcas TV TEM 2019. Sorocaba: TV TEM, 2019.

CAVA, M. A. B. **Um modelo de televisão**: como nasceu a TV Modelo, primeira emissora do interior da América Latina. São Paulo: Imprensa Oficial/ Edusc, 2001.

CHEVALIER, J. GHEERBRANT, A. **Dicionário de símbolos**: mitos, sonhos, costumes, gestos, formas, figuras, cores, números. Rio de Janeiro: J. Olympio, 2008.

CORRÊA, R. L. **Região e organização espacial**. São Paulo: Ática, 1990.

DELL SANTO, J. P. Globo supera cbs e se torna a segunda maior emissora do mundo. **Terra RD1**, São Paulo, 9 maio 2020. Disponível em: https://

rd1.com.br/globo-supera-cbs-e-se-torna-a-segunda-maior-emissora-do--mundo-record-e-a-28a/. Acesso: 5 jan. 2023.

DIAS, C. TV TEM 15 anos: conheça o conceito por trás da identidade visual da emissora. **G1**, Sorocaba; Jundiaí, 9 maio 2018. Disponível em: https://g1.globo.com/sp/sorocaba-jundiai/noticia/tv-tem-15-anos-conheca-o-conceito-por-tras-da-identidade-visual-da-emissora.ghtml. Acesso: 5 jan. 2023.

DONDIS, D. A. **A sintaxe da linguagem visual**. São Paulo: Martins Fontes, 1991.

DRIGO, M. O.; SOUZA, L. C. P. **Aulas de semiótica**. São Paulo: Annablume, 2013.

FARINA, M.; PEREZ, C.; BASTOS, D. **Psicodinâmica das cores em comunicação**. São Paulo: Edgard Blücher, 2000.

FERRAZ, C. Análise e perspectivas da interatividade na TV Digital. In: SQUIRRA, Sebastião; FECHINE, Yvana (org.). **Televisão digital:** desafios para a comunicação. Porto Alegre: Sulina, 2009.

KANTAR Ibope Media, Instar Analytics. Pesquisa de audiência realizada na cidade de Sorocaba. Arquivo marketing TV TEM Sorocaba, mar de 2020.

LIPOVETSKY, G.; SERROY, J. **A cultura-mundo:** resposta a uma sociedade desorientada. São Paulo: Companhia das Letras, 2011.

LIPOVETSKY, G; CHARLES, S. **Os tempos hipermodernos**. Lisboa: Edições 70, 2015.

LUIZ, M. Em constante evolução, TV TEM lança nova marca. **Rede Globo** – TV TEM, [s. l.], 23 dez. 2019. Disponível em: https://redeglobo.globo.com/sp/tvtem/noticia/em-constante-evolucao-tv-tem-lanca-nova-marca.ghtml. Acesso em: 9 jan. 2023.

MARCONDES FILHO, C. **Televisão**. São Paulo: Scipione, 1994.

MEMÓRIA TV TEM. **TV TEM**, [s. l.], 12 fev. 2014. Disponível em: http://redeglobo.globo.com/sp/tvtem/noticia/2014/02/memoria-tv-tem.html. Acesso em: 5 jan. 2023.

MITOSE. **Toda Matéria**. [*s. l.*], [2020?]. Disponível em: https://www.todamateria.com.br/mitose/#:~:text=Mitose%20%C3%A9%20um%20pro. Acesso em: 5 jan. 2023.

PEIRCE. C. S. **Semiótica**. São Paulo: Perspectiva, 2010.

PEREZ, C. **Signos da marca**: expressividade e sensorialidade. São Paulo: Pioneira Thomson Learning, 2004.

PERUZZO, C. M. K. Mídia regional e local: aspectos conceituais e tendências. **Comunicação & Sociedade,** São Paulo, v. 26, n. 43, p. 67-84, 2005.

PNGWING. Disponível em: https://www.pngwing.com/pt/free-png-sjobw. Acesso em: 1 ago. 2023.

SANTAELLA, L. **O que é semiótica**. São Paulo: Brasiliense, 2001.

SANTAELLA, L. **Semiótica aplicada**. São Paulo: Thomson, 2002.

SANTAELLA, L.; NÖTH, W. **Matrizes de linguagem e pensamento**: sonora, visual, verbal. São Paulo: Iluminuras, 2001.

SANTAELLA, L; NÖTH, W. **Imagem:** cognição, semiótica, mídia. São Paulo: Iluminuras, 2005.

SANTOS, V. S. dos. O que é mitose? **Brasil Escola**, [202-]. Disponível em: https://brasilescola.uol.com.br/o-que-e/biologia/o-que-e-mitose.htm. Acesso em: 5 jan. 2023.

SAUSSURE, F. de. **Curso de linguística geral**. São Pulo: Cultrix, 2006.

SILVA, G. B. **TV TEM, a TV que tem você**: estudo de caso no processo de regionalização da mídia televisiva brasileira. 2008. Dissertação (Mestrado em Comunicação) – Unimar, Marília, 2008.

'TODO MUNDO CABE AQUI': TV TEM lança nova campanha, que mostra que o legal é ser diferente. **Rede Globo** – TV TEM, [*s. l.*], 29 dez. 2017. Disponível em: https://redeglobo.globo.com/sp/tvtem/noticia/todo-mundo-cabe-aqui-cante-a-nova-campanha-da-tv-tem.ghtml. Acesso em: 9 jan. 2023.

Sites

G1 TV TEM. Disponível em: https://g1.globo.com/sp/sorocaba-jundiai/. Acesso: 9 jan. 2023.

GLOBOADS. Disponível em: https://globoads.globo.com/. Acesso em: 5 jan. 2023.

GRUPO GLOBO - História. Disponível em: http://historiagrupoglobo.globo.com. Acesso: 5 jan. 2023.

IBGE. Cidades. Disponível em: https://cidades.ibge.gov.br/. Acesso em: 5 jan. 2023.

SEADE. Disponível em: https://www.seade.gov.br/. Acesso em: 5 jan. 2023.

REFERÊNCIAS SECUNDÁRIAS

BOLETIM TEM MAIS. Boletim informativo, trimestral da divisão comercial da TV TEM, Sorocaba, v. 4, n. 9, 2008.

FITZGIBBON, V. C. **Jornal Nacional**: a notícia faz a história. Rio de Janeiro: Jorge Zahar, 2004.

GLOBO, Memória. **Jornal Nacional** – A notícia faz história. Rio de Janeiro: Jorge ZAHAR Editor, 2004.

SANTAELLA, L. **A teoria geral dos signos**. São Paulo: Pioneira, 2000.

SANTAELLA, L. **Estratégias semióticas da publicidade**. São Paulo: Cengage Learning, 2010.

SANTAELLA, L. **Comunicação e semiótica**. São Paulo: Hacker Editores, 2004.

SANTOS, P. V. F.; LUZ, C. R. M. História da televisão: do analógico ao digital, **Inovcom**, São Paulo, v. 4, n. 1, 2013. Disponível em: https://revistas.intercom.org.br/index.php/inovcom/article/view/1599. Acesso em: 5 jan. 2023.

SOUSA, R. G. A invenção da televisão. **História do Mundo**, Goiânia, [2020?]. Disponível em: https://www.historiadomundo.com.br/idade-contemporanea/a-invencao-da-televisao.htm. Acesso em: 5 jan. 2023.

SOUZA, L.; DRIGO, M. O. Os sentidos advindos de aspectos qualitativos e referenciais: um exercício interpretativo com cartazes da Copa do Mundo da FIFA. **Interin**, Curitiba, v. 18, n. 2, jul./dic., p. 86-103, 2014.

TV TEM 15 ANOS: relembre o primeiro dia de transmissão da emissora. **G1**, Sorocaba; Jundiaí, 7 maio 2018. Disponível em: https://g1.globo.com/sp/sorocaba-jundiai/noticia/tv-tem-15-anos-relembre-o-primeiro-dia-de-transmissao-da-emissora.ghtml. Acesso: 9 jan. 2023.